DAS KRIEGSENDE 1945
IN LANGENBURG/HOHENLOHE

Chronik der letzten Zeit zuvor
bis zur ersten Zeit danach

Johanna Führer

Wissenschaftliche Graphologin
Langenburg Krs. Crailsheim
Schloss

Verfasst ab etwa Mai 1945

Herausgegeben von Anselm Rapp

Bibliografische Information der Deutschen Nationalbibliothek:
Die Deutsche Nationalbibliothek verzeichnet diese Publikation in
der Deutschen Nationalbibliografie; detaillierte bibliografische
Daten sind im Internet über http://dnb.d-nb.de abrufbar.

Johanna Führer: Das Kriegsende 1945 in Langenburg/Hohenlohe
Herausgeber und © 2010: Anselm Rapp, München
Fotos: Privatbesitz

Das Manuskript wurde der heutigen Rechtschreibung angepasst und einige
Schreibweisen und Formulierungen überarbeitet. Der Inhalt ist unverändert
und gibt die subjektive Schilderung der Autorin wieder.

Herstellung und Verlag:
Books on Demand GmbH, Norderstedt
ISBN 978-3-8391-8909-2

INHALTSVERZEICHNIS

ZUM GELEIT

Glücklich bewahrt in schwerer Zeit

Einige Informationen und Gedanken zum Kriegsende 1945 in Langenburg
von Irma Fürstin zu Hohenlohe-Langenburg

Von allen baden-württembergischen Gemeinden nahm Langenburg in der letzten Kriegszeit und in den Jahren nach dem zweiten Weltkrieg die meisten Evakuierten und Heimatvertriebenen auf. 1946 war in der kleinen hohenloheschen Residenzstadt jede dritte Person heimatvertrieben oder evakuiert. Zwischen 1939 und 1950 nahm die Bevölkerung um 73,2 % zu: Ein betrüblicher „Wanderrekord", bedingt durch die Verhältnisse und Folgen der letzten Kriegsjahre.

Über die Namen und die Herkunft geben uns verschiedene Archivunterlagen Auskunft. Persönliche Erinnerungen und Erzählungen von älteren Langenburger Bürgerinnen und Bürgern vermitteln mir ein anschauliches Bild von der damaligen Situation, die ich als Nachkriegskind zwar nicht selbst erlebt habe, von denen mir jedoch mein verstorbener Mann, Kraft Fürst zu Hohenlohe-Langenburg (* 1935) berichtete. Oft erzählte er von der drangvollen Enge auf Schloss Langenburg, zumal auch durchziehende Familienangehörige und befreundete Adelsfamilien, die alles verloren hatten, in Langenburg Gastfreundschaft erhielten. So berichtet u. a. Fürstin Tatiana Metternich in ihren Memoiren, wie sie und ihr Mann Fürst Paul und ihre Eltern mit einem Pferdewagen vor den russischen Truppen aus Schloss Königswarth in Böhmen flüchteten und zu ihrem Schloss Johannisberg am Rhein wollten. Unterwegs erholten sie sich einige Wochen in Schloss Langenburg von den Strapazen der Reise. Besonders tragisch war für sie dann wohl, als sie ihr Ziel beinahe erreicht hatten, aber aus der Ferne nur mehr die Brandruinen von Schloss Johannisberg erkennen konnten.

Schon im Frühjahr 1944 mussten Amts- und Wohnräume im Schloss für das von Berlin evakuierte „Statistische Reichsamt" zur Verfügung gestellt werden. Von Oktober 1944 bis Februar 1945 wurde die Bildstelle einer Luftwaffenaufklärungsstaffel einquartiert und noch in den letzten Kriegswochen wurde am 26. 3. 1945 durch eine Wehrmachts-Sanitätseinheit ein Hauptverbandsplatz und Lazarett mit etwa 45 Verwundeten auf Schloss Langenburg eingerichtet.

Am Dienstag, 11. April 1945, einem wunderschönen Frühlingstag, wurde Langenburg von den amerikanischen Truppen eingenommen. Frau

7

Führer schildert in ihrem nun veröffentlichten Bericht anschaulich und bewegend die Ereignisse aus der unmittelbaren Erfahrung.

Während der Beschießung Bächlingens durch amerikanische Truppen konnte die dortige Bevölkerung einen Tag später im Schloss in Sicherheit gebracht werden.

Die Einrichtung des Lazaretts führte dazu, dass am Schloss ein großes Rotes Kreuz angebracht wurde. Dieser Einrichtung und dem persönlichen Verhandlungsgeschick des damaligen Erbprinzen Gottfried zu Hohenlohe-Langenburg und anderer Personen ist es wohl mit zu verdanken, dass Langenburg nicht wie viele hohenlohisch-fränkische Gemeinden in Schutt und Asche gelegt wurde und wir uns bis heute über das anmutige Städtchen auf dem langen Berg freuen dürfen.

Eine Liste aus dem Langenburger Stadtarchiv gibt Auskunft darüber, dass am 22. 11. 1945 73 Personen innerhalb der Schlossmauern wohnten. In dieser Liste ist auch erstmals Johanna Führer genannt. Ein späteres Verzeichnis über alle nach Langenburg evakuierten Personen, das vermutlich 1947 entstanden ist, nennt den 1. April 1945 (Ostersonntag) als Zuzugsdatum von Fräulein Führer.

Meine Freundin Ilse Weber, 1935 geborene Tochter des Kammerdieners von Fürst Ernst, berichtet, dass Fräulein Führer ungefähr eineinhalb Jahre lang in der Wohnung der Familie Weber im Marstall untergebracht war und ihre Mahlzeiten am Familientisch einnahm. Ilse Weber mochte die freundliche junge Frau „mit den feingliedrigen Händen und polierten Fingernägeln", die sich rührend mit den Kindern beschäftigt hat.

Das Leben musste weitergehen. Aus einem anderen Tagebuch über das Kriegsende (Dr. J. Rohrbach) war zu erfahren, dass Fräulein Führer am 16. April auf einem Acker im Langenburger Ortsteil Atzenrod mit anderen Schlossbewohnern einen Zentner Kartoffeln als Saat auf Hoffnung in die Erde legte, während Jagdbomber über sie hinwegflogen. So nahe lagen Elend und Mut beieinander!

Mit den Gedichten Johanna Führers wurde ich erstmals 1999 bekannt. Zugunsten der Renovierung der Langenburger Stadtkirche luden wir zu einer Reihe von Benefizveranstaltungen in den Vierjahreszeitensaal des Schlosses ein. Bei diesen gern besuchten Nachmittagen „Advent auf Schloss Langenburg" habe ich auch verschiedene Gedichte von Frau Führer aus ihrem Buch „Der Tiefbesiegte" vorgelesen, von dem demnächst ein Nachdruck erscheinen soll. Die Herausgabe vorliegender Chronik und des

Gedichtbands sind sehr verdienstvolle Erinnerungsaufgaben, die ihr Neffe Anselm Rapp dankenswerterweise übernommen hat.

Die hier vorgelegten Aufzeichnungen aus den letzten Kriegstagen und der ersten Nachkriegszeit machen die Bedrohung deutlich, vor der auch unsere Stadt stand und vor der sie Gott sei Dank bewahrt wurde.

Denn noch immer sehe ich von den Fenstern meiner Wohnung im Schloss den Park so vor mir, wie Johanna Führer ihn in einem ihrer Gedichte vor langer Zeit beschrieb:

> *Vom Schloß her führt die mächtige Allee*
> *breitästiger Kastanien.*
> *Auf blauen Schatten liegen ihre Kronen*
> *wie Gold auf blauem Sammet –*
> *und jeden Sonnenstrahl will ein Erglühen lohnen.*
> *Zu beiden Seiten dehnen sich*
> *des Parkes grüne Rasenflächen,*
> *bestreut mit Herbstzeitlosen.*
> *Ein leiser Windhauch trägt den Duft*
> *der letzten, späten Rosen.*

Schloss Langenburg – Spätsommer 2010

ÜBER DIE AUTORIN

Johanna Luise Charlotte Blumenthal/Führer

Nahm während des Dritten Reichs im November 1936 wegen des jüdisch klingenden Namens Blumenthal und den damit verbundenen Repressionen den Mädchennamen der Mutter Führer an.

Geboren am 16. Oktober 1898 in Berlin
Gestorben am 28. Januar 1957 in München (während Besuchsaufenthalt)

Eltern:
Georg(e) Heinrich Blumenthal
    geboren am 29. Oktober 1872 in Hermsdorf (Ostpreußen)
Jenny Luise Charlotte Führer
    geboren am 28. April 1876 in Berlin

Geschwister:
Maria Magdalena, verh. Rapp (1899-1992), Charlotte Elise (Lotti), verh. Spoerri (1904-1989), Hans-Joachim, Halbbruder (1915-2006)

Evangelisch getauft am 3. April 1899, Bartholomäuskirche Berlin
Kirchenaustritt am 20. Oktober 1927

Wohnorte, soweit bekannt:
Berlin-Friedrichshain, Elbingerstr. 31
Berlin-Lichterfelde, Ringstr. 49
Neu Miltzow, Nordvorpommern
Rehbrücke bei Potsdam
Berlin-Friedenau, Stubenrauchstr. 9
Langenburg/Hohenlohe (vermutlich 1945 bis zum Tod)

Berufe: Schriftstellerin, Graphologin

Künstlerische Tätigkeiten: Dichterin, Malerin, Fotografin

Politische Engagements:
Seit ihrer Jugend für Natürliche Wirtschaftsordnung Silvio Gesells
Im Dritten Reich in antinationalsozialistischer Widerstandsbewegung

Biographisches:
„Versuch eines Porträts von Hanna Blumenthal der Kämpferin und Dichterin" von Günter Bartsch – siehe www.verlag.anjora.de

JOHANNA FÜHRER

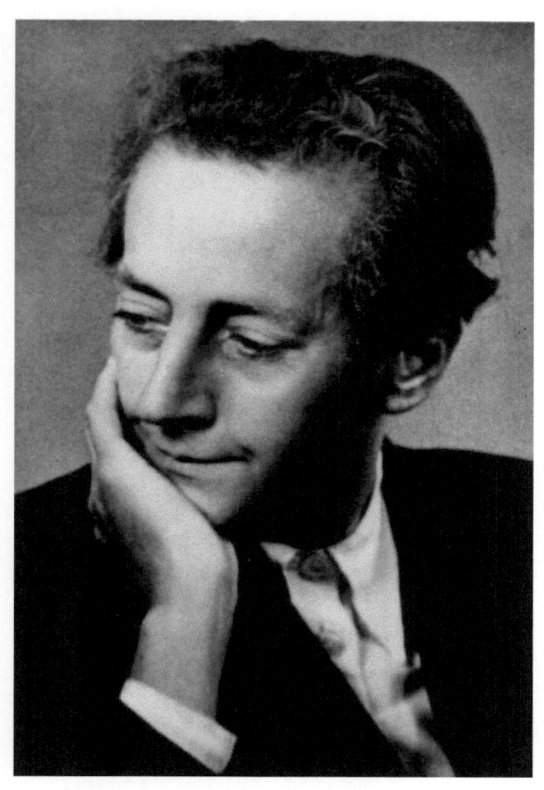

VORWORT

Diese Chronik habe ich im Wesentlichen nach eigenen Notizen und Erinnerungen geschrieben, doch fand ich eine wertvolle Ergänzung mancher Einzelheiten durch die Angaben der Mitglieder des fürstlichen Hauses Hohenlohe-Langenburg, ferner durch die chronologischen Notizen von Herrn Justus Rohrbach sowie die Schilderungen von Herrn Rentamtmann Schneider und Herrn Schreinermeister Truckenmüller. Ich danke allen herzlich für ihre freundliche Hilfe.

Sodann glaube ich im Namen der Bevölkerung unseres Städtchens sowie der Ortschaften Bächlingen und Nesselbach, unserem Fürstenhause aufrichtigen Dank sagen zu sollen für seine menschliche und freudige Bereitschaft, jedem Bedrängten nach besten Kräften beizustehen.

Die Darstellung der letzten Kriegswochen, der Übergabe Langenburgs an die Amerikaner und der ersten Besatzungszeit trägt eine teils sachliche, teils auch ganz persönliche Note. Letzteres meine ich kurz rechtfertigen zu sollen. Man sieht einen sterbenden Soldaten, ein paar verwundete Kinder, brennende Häuser, – man trifft unter den zurückflutenden Truppen ganz unerwartet einen Bekannten, man nimmt an einem Meinungsaustausch Teil oder schildert Empfindungen, wie sie etwa das Zusammentreffen eines schönen Frühlingsmorgens mit dem Donner von Sprengungen, dem Sausen der Granaten, dem Kreisen feindlicher Flugzeuge auslöst. Alle solche Eindrücke sind im Grunde genommen gar nicht mehr rein persönlicher Art. Sie sind typisch für die Zeit, in der wir leben, es sind die typischen Erlebnisse unserer Landsleute. Einmal mag der Soldat Fritz, ein andermal Franz heißen, einmal mag Lüders Scheune brennen und ein andermal Lobers Haus – die Namen wechseln wohl, aber das Grundgeschehen bleibt doch das gleiche, es geht über den Einzelnen hinaus, es geht die Gemeinschaft an. In seiner bildhaften Buntheit wirkt es eindrucksvoller, als der bloße Tatsachenbericht, der üblicherweise kalt lässt und nur selten Vorstellungen und Erkenntnisse weckt. In dieser Auffassung bestärkte mich Herr Bürgermeister Gronbach, der mir auch diesen Auftrag gab, eine Stadtchronik zu schreiben. Und ist es nicht der eigentliche Sinn solcher Chronik: Dass sie nicht nur als langsam verstaubende Akte den später Lebenden einen mehr oder weniger militärischen Vorgang übermittelt, sondern dass sie menschlich anregend wirkt, das Für und Wider der Meinungen weckt und so die Vergangenheit zur Lehrmeisterin der Zukunft werden lässt?

I. VORSPIEL

1. Tatsachen aus den letzten Wochen vor der Übergabe Langenburgs an die Amerikaner 1945

25.2.-4.3. Der Bahnverkehr ist schon sehr gestört, die Strecken sind durch Bombardierungen vielfach unterbrochen. Der Bahnhof Crailsheim wurde durch einen schweren Angriff vollständig zerstört. Ab Montag, 26.2.45, wird der Volkssturm zum Streifendienst herangezogen, weil angeblich mit dem Absetzen von Agenten und Saboteuren gerechnet werden muss.

15.3. Vom Luftwaffenkommando in Hessental trifft der Bescheid ein, dass die Luftwaffe auf die Räume in Schloss Langenburg endgültig verzichtet.

21.3. Volkssturmversammlung. Erhöhter Alarmzustand wird bekannt gegeben. Angeblich muss mit größeren Luftlandungen in unserer Gegend gerechnet werden. Protest der Volksstürmer gegen Einsatz ohne ausreichende Bewaffnung.

24.3. Entsprechend dem Wehrmachtsbericht können wir schon in kurzer Zeit Frontbereich werden.

25.3. Schanzarbeiten des Volkssturms an den Fliegerdeckungslöchern.

26.3. In Öhringen ist soeben der Volkssturm, 1. bis 4. Aufgebot, einberufen worden; es muss hier stündlich mit derselben Maßnahme gerechnet werden. Im Laufe des Vormittags erhalten 15 Volksstürmer aus Langenburg und Atzenrod ihre Einberufung. Sie werden in der NSV-Geschäftsstelle eingekleidet. Später werden sie wieder nach Hause geschickt, müssen sich aber zum Abmarsch bereithalten. Langenburg erlebt seine erste Aufregung, der Krieg rückt ihm zum ersten Male näher. Nachmittags von 12 - 15 Uhr Streife. Gerüchte, dass der größte Teil des hiesigen Volkssturms Panzersperren bauen und sie verteidigen soll. Es zeigt sich, dass bei allen ernsten Maßnahmen, die getroffen werden, der Volkssturm geschlossen gegen seine Führung ist.

Der Volkssturmführer in Langenburg, Herr Lehrer Ilg, schwankt denn auch zwischen ängstlichem Friedenswillen und wildem Kampfgeist oder, anders ausgedrückt, zwischen Volk und Parteileitung, was aus einer seiner Äußerungen besonders klar hervorgeht: „Ich bin ja doch verloren. Von der einen oder der anderen Seite bekomme ich gewiss eine Kugel."

Nachmittags trifft eine Truppe der OT (Organisation Todt) auf dem Rückmarsch von der Front in Langenburg ein. Der Führer, im Majorsrang, bittet um Überlassung von Räumen im Schloss und erhält einige. In der Nacht zum 26.3. ist die Kolonne eines Hauptverbandplatzes mit etwa 20 Rotkreuz-Fahrzeugen auf dem Rückzug von Speyer hier eingetroffen unter Führung eines Stabsarztes. Dr. Knor (Stadtarzt) besorgt ihm noch in der Nacht Lazaretträume in der Schule und im Gefängnis. Es wäre sehr wünschenswert, wenn Langenburg Lazarett-Stadt würde.

Telefonische Verhandlungen um die leerstehenden Baracken mit dem Landesbauamt in Ludwigsburg. Abends Gerücht von amerikanischen Panzerspitzen bei Heilbronn und bei Würzburg.

28.3. Die Baracken sind freigegeben. Das Lazarett bleibt endgültig hier, trotz gegenteiliger Gerüchte am Morgen. Die Schule wird geräumt, Sanitätssoldaten bringen die Bänke in den Theatersaal des Schlosses. Die Frage der Panzersperren taucht wieder auf, es heißt, dass im Umkreis von 500 m keine Verteidigungsanlagen vorhanden sein dürfen. Der Volkssturmführer und der Stabsarzt legen die Grenze fest. Es sollen nun doch zwei Sperren an der Regenbacher Straße und bei Nesselbach gebaut werden.

29.3. Gründonnerstag. Der Sperrenbau beginnt. Intermezzo mit dem Straßenwärter. Die Panzerfäuste werden aus dem Gartenhaus hinter dem Schloss abgeholt und in das Geschäftszimmer der Ortsgruppe im Rathaus gebracht, im ganzen 12 Stück. 8 davon gehen nach Nesselbach. Von allen Seiten wird dem Volkssturmführer zugeredet, keine übereilten Schritte zu tun.

Abends treffen von Regenbach und Bächlingen her die ersten versprengten Gruppen von Soldaten auf dem Rückzug nach Osten in Langenburg ein, ziehen aber gleich weiter nach Blaufelden, die meisten mit dem Marschziel Rothenburg. Man sieht ihnen deutlich die überstandenen Strapazen an, die meisten machen einen müden und resignierten Eindruck. Fast niemand hat mehr ein Gewehr, viele wanken am Stock daher, einzeln oder in kleinen Gruppen. Die Packwagen sind offenbar nur noch mit Gepäck und Pferdefutter beladen. Einige Offiziere mit Fahrrad; manche der Offiziere tragen hohe Auszeichnungen. Vielfach hört man hoffnungslose Bemerkungen. Jeder steht unter dem Eindruck einer sich auflösenden Armee.

30.3. Karfreitag. Die Panzersperre wird von den vorbeiziehenden Rückzüglern bespöttelt. Der Geschützdonner der Front, den wir viele Tage lang aus dem Westen von jenseits des Rheins gehört hatten, ist seit vorgestern verstummt, ein Zeichen, dass die Front in Bewegung ist.

31.3. Die Panzersperre ist fertig, darf aber nicht geschlossen werden, weil noch deutsche Truppen die Straße passieren und vor allem die Wagen des Lazaretts Verwundete holen. Das Lazarett hatte bisher noch Autoverbindung nach Heidelberg. Es ist jetzt von seiner Armee abgeschnitten und vorläufig ohne weiteren Befehl.

Abends Geschützdonner aus nördlicher Richtung, wo Mergentheim liegt.

1.4. Ostersonntag. Im Gottesdienst unterbleibt zum ersten Male im Schlussgebet die Bitte für den Führer und die Obrigkeit.

Ein SS-Kommando taucht in Langenburg auf und erregt einige Unruhe im Zusammenhang mit dem Evakuierungsgerücht. Gestern war eine Versammlung der Bürgermeister der umliegenden Gemeinden in Kirchberg unter Vorsitz des Landrats von Crailsheim. Der Landrat selbst machte keinen Hehl daraus, dass er eine zwangsweise Fortschaffung der zivilen Bevölkerung für einen Fehler und praktisch undurchführbar halte. Alle Bürgermeister sprechen sich gegen die zwangsweise Evakuierung aus.

Abends passieren noch immer Rückzügler die Stadt. Tagsüber liegen sie wegen der Tiefflieger still. – Der Volkssturmführer hat einen neuen Befehl erhalten, dass der Volkssturm nicht mehr im Kampf eingesetzt werden, sondern nur noch Polizeidienst machen soll. Die Waffen, bei uns ohnehin nicht vorhanden, muss er abliefern.

2.4. Ostermontag. Nachmittags Volkssturmversammlung, auf der der Volkssturmführer das praktische Ende des Volkssturms in Langenburg bekannt gibt. Die alten weißen Armbinden entsprechen nicht der Genfer Konvention und werden in letzter Minute durch neue in den Landesfarben ersetzt. Die Nesselbacher haben ihre Panzerfäuste spurlos verschwinden lassen, vermutlich in der Jagst versenkt. Daher werden die vier restlichen Langenburger Panzerfäuste nach Nesselbach gebracht, sodass hier keine mehr zur Verfügung stehen, zur allgemeinen Erleichterung. Die Regenbacher Sperre darf nicht verteidigt werden. Der Stabsarzt hat strengen Befehl des Armeearztes bekommen, dass Langenburg vollständig außerhalb der Kampfzone bleiben muss, solange sich das Lazarett hier befindet, wir hoffen alle, dass kein Abmarschbefehl eintrifft. – Geschützdonner aus Richtung Mergentheim.

3.4. Aus Richtung Mergentheim tagsüber und besonders abends starkes Artilleriefeuer zu hören, Nach dem Wehrmachtsbericht ist der Gegner westlich der Linie Würzburg-Bad Mergentheim liegen geblieben. Durch Flüchtlinge aus Mergentheim wird bekannt, dass die Stadt und Umgegend von einer SS-Division verteidigt wird und noch in deutscher Hand ist. Auch der Apotheker des Lazaretts hat in Mergentheim zu tun und berichtet, dass die Zerstörungen bisher nur gering sind. Ein Wagen des Lazaretts wurde auf der Fahrt nach Mergentheim von einer amerikanischen Patrouille angehalten, aber wieder frei gelassen, der Fahrer mit Zigaretten beschenkt.

Die OT ist heute abgezogen, für das Lazarett werden einige Räume im Schloss eingerichtet, zunächst als Kasino für die Offiziere und als Geschäftszimmer.

5.4. Crailsheim wurde heute wieder stark bombardiert. Der Postverkehr wird eingestellt, wir bekommen die in den letzten Tagen angelieferten Postsachen wieder zurück. Die Züge nach Blaufelden und weiter fahren schon seit einigen Tagen nicht mehr.

Den ganzen Tag über äußerst starke Fliegertätigkeit über uns hinweg, so, wie wir es bisher noch nicht erlebt haben.

6.4. Das Lazarett macht sich abmarschbereit, hat aber noch keinen endgültigen Befehl zum Abrücken. Abends und nachts werden die meisten Verwundeten abtransportiert. Gerüchte von einem Vorstoß der Amerikaner von Mergentheim über Blaufelden auf Crailsheim.

2. Ausführlicher Bericht vom 7.4.1945

Am frühen Nachmittag war die Brücke von Oberregenbach gesprengt worden, um den Anglo-Amerikanern den Übergang unmöglich zu machen. Die Detonation der Sprengung war gewaltig gewesen und die Leute ringsum äußerst erregt. Noch waren ja gar keine Amerikaner da – und es war nicht einmal sicher, dass sie genau durch unsere Gegend kommen würden, da die großen Heerstraßen um uns herum führen, keine Truppenansammlungen, keine Industrie vorhanden sind. Friedliche Bauern und Handwerker, ein paar kleine Beamte, Flüchtlinge und ein Schlossherr mit seiner Familie – das ist alles. Und im Schloss war seit ein paar Tagen ein Feldlazarett untergebracht, das ja mit seinem Roten Kreuz eher noch einen zusätzlichen Schutz bedeutet. Trotzdem hatte man die Oberregenbacher Brücke in die Luft gehen lassen, und die Bächlinger Brücke sollte folgen. Die Bauern waren verzweifelt. Ihre Felder lagen großenteils jenseits der

Jagst – wie sollten sie mit ihren Gespannen auf die Felder kommen – gerade jetzt im Frühjahr, da sie täglich dort zu arbeiten hatten? Und bildete man sich vielleicht ein, dass die feindlichen Truppen, die längst über den Rhein gekommen waren, an der kleinen Jagst haltmachen würden, nur weil die Brücken fehlten? Sie konnten nur verstimmt werden durch den Widerstand, den sie aus der Sprengung herauslesen mussten, und leicht war mit ein paar Salven das ganze Dorf vernichtet. Dabei hatte niemand im Dorf die Sprengung gewollt. Irgendwelche anonymen höheren Instanzen hatten sie angeordnet, irgendein anonymer Pioniertrupp sie ausgeführt. Und bezahlen mussten die Rechnung in jeder Hinsicht gänzlich Unbeteiligte. Schon vor Tagen hatte man die Bauern vom Ortsbauernführer zusammenrufen lassen und ihnen den Auftrag gegeben, ihr Vieh zu töten, ihre Höfe niederzubrennen und sich mit der beweglichen Habe auf eine ungewisse Flucht zu begeben. Das Wasser- und das Elektrizitätswerk hätten gesprengt werden sollen. Die Leute hatten es einfach nicht getan. Sie gingen deprimiert und empört auseinander. „Ehe wir den Hof anzünden und ins Elend ziehen, sollen sie uns und unsere Kinder lieber erschießen", so sagten die Frauen und die alten Leute – die Männer waren ja draußen im Kriege, d. h. als Soldaten – denn „im Kriege" waren wir ja jetzt alle miteinander.

Aus geringer Entfernung hörte man die „Ari" schießen, so nannten die Sanitäter die Artillerie, und Flugzeuge mit vielen Tieffliegern machten während des ganzen Tages die Luft unruhig. Es kam vor, dass eines jäh herabstieß, um sein Geschoss etwa auf einen Bauern und sein Gespann auszurichten wie bei Laßbach, wo der sinnlose Schuss sein armseliges Ziel nicht verfehlte. Mehr als einmal suchte auch ich mich in jenen Tagen vor den tief kreisenden, Verderben bringenden „Raubvögeln" zu verbergen.

Heute sollte es sich entscheiden, ob das Lazarett bei uns bleiben oder vor dem Feinde flüchten müsste. Motorfahrer waren zur Erkundung der Lage in die Gegend und einer zur Armee gesandt worden, um schriftliche Befehle zu holen. Die telefonischen und postalischen Verbindungen waren schon unterbrochen, Die Sanitäter waren meist nette Menschen, umgänglicher als die Flieger, die kurz vorher im Schloss einquartiert waren, und eher eine Gefahr bedeuteten im Hinblick auf Kämpfe und Fliegerangriffe. Es gab kaum jemanden, der es nicht bedauerte, als es sich herumsprach, dass die Sanitäter wirklich schon wieder fort mussten. Sie selber wären auch gern geblieben. Der Herr Schneider, Obersekretär des Erbprinzen, war ganz niedergeschlagen: „Wenn sie doch bloß hierbleiben könnten", meinte er, „man hat sich schon so ganz an ihr Leben und Treiben gewöhnt. Und der

19

Ernst – ein Sanitätssoldat – kann so lachen, so richtig von ganzem Herzen. Dabei blinzelt er so mit einem Auge ... Er redet nicht viel, gar nicht, er ist ein Stiller – aber lachen kann er, den ganzen Tag lacht er, wenn man ihn nur sieht – und es sind so richtig anständige gute Kerle. Es wird sehr einsam werden, wenn sie weg sind ..." Das war eine Stimme – und viele dachten ähnlich. Aber wer fragte nach solchen Stimmen? Die Maschinerie des Krieges geht seelenlos und teilnahmslos über die vielen Stimmen hin – und wie viele zermalmt sie unter ihrer entsetzlichen Walze!

Im Schlosshof standen die weißen Wagen mit den Roten Kreuzen, und es war ein gewaltiges Hin und Her durch das Packen, durch ankommende und abfahrende Autos, deren Motorengeräusch in den vierseitig geschlossenen Hof ein gutes Echo fand. Über allem lärmten die Dohlen, schien wechselnd die Sonne oder glitten die kühlenden Wolkenschatten hin.

Es war ja Frühling, der 7. April genau, ein ungewöhnlich früher Frühling in diesem etwas rauen Landstrich. In den Wäldern kamen allenthalben die weißen Sterne der Anemonen aus dem braunen vorjährigen Buchenlaub, an Hecken und in den Wiesen blühten die letzten Leberblümchen, ganze Inseln von Veilchen, die dem Wind ihren Duft mitgaben; die gelben Himmelschlüsselchen nickten, die Bienen summten – alles trug dazu bei, den grünen Teppich der Hänge bunt zu durchwirken, alles atmete Lebensfreude und Aufbau. An der Gartenmauer des Schlosses blühte schon das Spalierobst. Oberhalb der Mauer führt der weg in die Schlosseinfahrt. Von diesem hochgelegenen Weg geht der Blick weit über das Jagsttal und die am anderen Ufer aufsteigenden Hügel. Viele Menschen sammelten sich hier und blickten mit nervöser Spannung ins Land, nach der Richtung, aus der man Schüsse hörte, das Grollen der Ari oder das Tack-tack-tack der Bordwaffen der Tieffieger. Rauch stieg auf am Horizont, an vier bis fünf verschiedenen Stellen. Er verzog sich nach einiger Zeit, um dann wieder neugesammelt aufzuqualmen. Die Leute waren am Raten, um welche Dörfer es da gehen möge.

Mich selber hatte auch die Unruhe aus meinem stillen Giebelzimmer im Schloss vertrieben. Zuvor hatte ich auf der Treppe noch eine kurze Begegnung, die sich mir tief eingeprägt hat. Ich lief wie immer zuerst die enge steile Wendeltreppe hinunter, dann ein Stück über die unterste Galerie, die in eine breite Treppe mündet, ich hörte ein Geräusch von Schritten – blickte auf – und sah zwei Krankenträger mit einer Bahre. Es waren Ernst und Philip, die einen Verwundeten, einen Sterbenden trugen, ich sah ein völlig blutleeres, von vielen Leiden gezeichnetes Gesicht aus dunklen Wolldecken

20

heraus geradezu leuchten. Die Augen waren geschlossen und lagen tief in den Höhlen, die Lippen blass und schon wie zu ewigem Schweigen zusammengepresst. – Unten, dicht vor der Treppe am Hoftor standen Bertl Münz und K. Schneider. Er sagte: „Der Mann muss sterben – er hat den Gasbrand. Den Nachmittag überlebt er nicht." Bertl sagte: „Ich habe mich eben furchtbar vor ihm erschrocken. Gerade als an mir vorbeigetragen wurde, hob er plötzlich mit großer Anstrengung den Kopf ein wenig, riss die Augen weit auf, starrte mich an, und es war doch, als sähe er gar nicht mich, sondern irgendetwas Entsetzliches. Dann sank er gleich wieder ganz erschöpft zurück, und ich dachte erst, er wäre schon tot." Mir fiel ein, dass gewiss irgendwo Menschen ihre ganze Hoffnung darauf gesetzt haben, ihn wiederzusehen, – dass sie noch immer hoffen und für ihn beten, während er hier hilflos und allein schon im Todeskampfe lag. Bertl erzählte weiter: „Gestern haben sie hier schon zwei Verwundete begraben, einen 23-jährigen und einen von 16 Jahren. Der rief plötzlich noch mal ganz angstvoll: „Mutti, wo bist Du?" Und dann war er tot. –

Wir schwiegen alle drei eine ganze Weile, hörten Motoren surren, Flugzeuge, Menschenstimmen und vereinzelte schwere Schüsse, die die Berge im Echo mehrfach wiedergaben. Die Front soll nur etwa 10 km entfernt sein. – Ich erfuhr, dass Schwerkriegsbeschädigte, die nicht transportfähig sind, ins Schloss gebracht werden sollen, dazu einige Leute mit Fleischwunden, die der Ortsarzt Dr. Knor behandeln könne. Einige „Sanis" sollten zur Pflege hier bleiben, und so würde das Schloss sein Rotes Kreuz einstweilen behalten können. Ich verabschiedete mich und ging den kurzen Weg bis zur Schlossgartenmauer, die von der Wegseite her so niedrig ist, dass man sich gut draufsetzen kann. Noch immer stieg hinter den Bergen der Rauch auf, manchmal dunkel, manchmal, man möchte sagen, giftig weiß. Er hob sich dann ähnlich wie Hagelwolken von dem etwas dunstigen und bewölkten Horizont ab und wirkte unheimlich. Man hörte Artillerie und Panzerfeuer aus Richtung Elpershofen, Eichenau, Lendsiedel und Kirchberg. Brennende Ortschaften in wenigen Kilometern Entfernung, ich sah eine Weile durchs Fernglas zur Bächlinger Brücke hinüber, wo einzelne Leute mit den Sprengvorbereitungen beschäftigt waren, ich sah aus der Gartentiefe einen Kastanienbaum aufsteigen und stand am Mauerrand direkt in der Höhe seiner Krone, ich sah die dicken glänzenden Knospen, einzelne schon gesprengt, so dass die rührende Form der Blätter, die an kleine Hände gemahnt, sichtbar wurde, – kleine Hände, die nach Sonne und Leben griffen, und unwillkürlich musste ich denken; „Er" sieht es nicht mehr, nie mehr – und seine Bände liegen für alle Zeit still und zerfallen – und Millionen Augen sind geschlossen für immer, und Millionen Hände zerfallen und wofür?

Es entstanden Gespräche zwischen den Geländebetrachtern. Man war sich darüber einig, dass es nur schnell zu Ende gehen möge, dieses Morden, und auch darin war man sich einig, dass die Amerikaner weniger zu fürchten seien als die eigenen SS-Truppen. Denn diese Leute würden Widerstand leisten und damit den Feind herausfordern in einer an sich völlig aussichtslosen Situation, die nur in Zerstörung und Verderben enden konnte. Als sei nicht schon längst genug zerstört! „Es scheint, als müssen Volk und Land in Blut, Tränen und Brand zugrunde gehen, und nur, damit die verantwortlichen Leute ein paar Wochen länger ihre Posten halten", meinte jemand, und jemand anderes: „Die Organisation des Wehrwolf schafft für den zu erwartenden Bürgerkrieg gleich eine bevorzugte, bewaffnete und organisierte Front, die schließlich trotz ihrer zu erwartenden Minderzahl das Volk weiterhin terrorisieren kann und die Verständigung mit dem Feinde verzögern und erschweren. Man müsste eigentlich sofort Gegenmaßnahmen ergreifen, die im Orte verdächtigen Leute beobachten lassen und sie gegebenenfalls ihrer Freiheit berauben, um sie an allen schädlichen Aktionen zu hindern. Man nickte, man sagt: „Ja, ja – unbedingt ..." Und dann geht man zum nächsten Thema über: ob wohl noch weitere Nährmittel verteilt werden – dass es in Gerabronn 10 Pfund gäbe anstatt der 6 Pfund in Langenburg – dass „manche Leute" etwas reichlich gehamstert hätten u. s. f.

Die weißen Sanitätswagen fuhren an uns vorüber, man konnte sie durch das Fernglas auf den Wegen rollen sehen. Es hieß, wenn sie herüber seien, solle die Brücke von Bächlingen gesprengt werden. Würden sie sich noch durchschlagen können, oder hatte der Feind uns schon genügend eingekesselt? „Wenn sie doch nur zurückkämen", sagte Schneider und sagten viele der Langenburger. Es erwies sich aber, dass sie sich doch noch gerade hatten durchschlagen können. Schade! Nur einige Schwerverwundete waren zurückgeblieben. – Die Brückensprengung wurde weiter verzögert, und ich ging in mein Zimmer.

Es war fast dunkel geworden. Ich schürte das Feuer an, schaltete das Licht an, zog die doppelten Vorhänge vors Fenster, damit kein Schein mehr hinausfiele. – Nach dem Abendessen hatte ich einen Besuch zugesagt und ging erst gegen Mitternacht heim. Es war sehr dunkel. Die Sterne glitzerten wie in einer der ganz klaren Winternächte, doch war die Luft milde. Ich ging durch die beiden Schlosstore und stand dicht vor der Treppe. Ein Mann mit einer sehr matt leuchtenden Laterne – es war der Haushofmeister Steinmeier – er sagte, ich möge einen Augenblick warten, ehe ich hinaufginge. Ich sah in dem matten Licht bald noch einige schattenhafte Gestalten stehen. Und dann kamen zwei Sanitäter die Treppe hinunter mit einer Bahre, auf der ein toter Mann lag. Es war der Soldat vom Nachmittag, den man in einen Keller schaffte. Nun hatte er die letzten Augenblicke der Angst und der Einsamkeit hinter sich – was nun? Wusste er gar nichts mehr – oder wusste er jetzt mehr als wir alle, die wir noch in der gewohnten Lebendigkeit die Erde bevölkern? Und warum musste er mir die beiden Male begegnen von den vielen Stunden des Tages? „Lehre uns bedenken, dass wir sterben müssen, auf dass wir klug werden."

Ich kam in mein Zimmer und sah die gewohnte tröstliche Umgebung. Aber das Licht war matt und alles nur geliehen, nichts Bleibendes, nichts Gewisses. In vagen Umrissen saß der Tod in all den dunkelnden Winkeln meiner Klause. Die Zeit nagte unaufhörlich an allem, das da stand, so dass ich schließlich das unendlich feine Rieseln des langsamen Verfalls aus allen Gegenständen zu hören vermeinte. Da wusste ich nicht weiter. Ich ging ins Bett, hörte Schüsse fallen – und schlief schließlich doch ein.

3. Tatsachenbericht aus den letzten drei Tagen vor der Übergabe

8.4. Morgen und Vormittag ruhig. Gegen Mittag große Bombengeschwader auf dem Fluge nach Osten.

Um 6 Uhr werden zwei Brücken im Jagsttal Richtung Moorstein gesprengt. Die Bächlinger Brücke steht noch, ist aber zur Sprengung fertig. Rauchwolken in Richtung Hessental und Kanonendonner. Nachts wurde ein verwundeter Amerikaner eingeliefert, der bei einem deutschen Gegenstoß bei Blaufelden gefangen wurde. Schwerer Bauchschuss, von Dr. Knor operiert. Nachmittags wird der gestern verstorbene deutsche Soldat vom Schloss aus beerdigt. Große Teilnahme der Langenburger auf dem Friedhof.

Einige Amerikaner waren gefangen genommen worden, kamen in Ortsarrest und wurden gut verpflegt. (Fräulein Lissy Kaufhold war mit dieser Aufgabe betraut worden.) Die Gefangenen machten ihren später einziehenden Landsleuten gegenüber auch gute Aussagen über die Behandlung, die ihnen in Langenburg zuteil geworden war.

Blaufelden soll heute endgültig von den Amerikanern besetzt worden sein.

Am Abend dieses Tages kam ich mit zwei Herren aus dem Statistischen Reichsamt von einer Geburtstagsfeier – es mochte bald 12 Uhr sein. Im Vorplatz zum Schlosshof sahen wir, ein wenig schwärzer noch als die Nacht, eine von den alten, schwerfälligen Bauerndroschken stehen, davor ein großes Pferd. Eine Laterne und zwei bis drei Leute bewegten sich schattenhaft um die Droschke, aus der ein mattes Wimmern und Stöhnen drang. Dann erkannten wir einen Sanitätsmann, der ein Kind auf dem Arm hob, eine alte Krankenschwester, die das Kind, das leise nach seiner Mutter zu rufen begann, zu trösten suchte, und dann gingen beide die Treppe hinauf, die zu dem provisorisch eingerichteten Operationssaal führt. – Am nächsten Tage hörten wir, dass das fünfjährige Kind einen Schuss durch die Schulter bekommen habe. Der ganze Eindruck gab der Nacht das etwas unheimliche Gepräge, das den Nächten jetzt meist anhaftet.

9.4. Morgens Artilleriefeuer aus nördlicher Richtung. Bald danach auch Artillerie- oder Panzerfeuer auf den südlichen Höhen bei Zottishofen und Nesselbach.

Im Schutze des Schlosses, in einem vom Graben aus zugänglichen Lager, verbrachten viele Einwohner ihre Nächte, hin und wieder auch den Luftschutzkeller im Schlosse aufsuchend. Denn nun begann die Beschießung der Nesselbacher Steige und des Waldes durch feindliche Artillerie. Die Kugeln gingen über Langenburg hinweg. Ich wusste nicht, wohin eigentlich. Ich meinte, es würde Langenburg gesucht und nur nicht getroffen. Es klang, als ginge jedes Mal ein großer Sturm durch die Wälder, deren Rauschen gefährlich anschwoll, um dann wieder bis zum nächsten Schuss abzuklingen. – Man erging sich in tausend Vermutungen, wie die Besetzung im Einzelnen vor sich gehen werde: ob roh oder menschlich, (d. h. ist das noch ein Gegensatz) ob mit oder ohne Plünderungen. Sollten Panzersperren vom Volkssturm errichtet werden? Sollte man es auf Nahkämpfe mit Panzerfäusten ankommen lassen oder nicht? Eine sehr eifrige alte Dame meinte, wenn sie keine Panzerfaust bekäme, würde sie den Amerikanern Pfeffer in die Augen streuen!!

In südlicher Richtung mehrere Brände. Verwundete kommen ins Schlosslazarett. Im Tal hinter Bächlingen schlagen auf einmal Rauchgeschosse ein. Die Bächlinger Brücke steht offenbar dicht vor ihrer Sprengung. Man sieht einen Teil der Bächlinger mit Vieh und vollbepackten Wagen den Ort verlassen. Der Sprengkörper auf der Fahrbahn

der Brücke ist hoch mit Erde bedeckt. Nachmittags kommt das Artilleriefeuer noch näher. Man hat den Eindruck, dass auf den unmittelbar an-
schließenden Höhen Gefechte im Gange sind. Niemand kann sich über die
wirkliche Lage ein Bild machen. – Allen deutschen Verwundeten, die ins
Lazarett kommen, müssen sofort Waffen und Munition abgenommen
werden. Ab und zu tauchen Bewaffnete auf, verschwinden aber bald
wieder. Vom Dach des Schlosses weht jetzt eine Rot-Kreuz-Fahne.

In der nächsten Nacht träumte ich, tausende von Trommeln wurden ge-
schlagen – die Ziegel rieselten von den Dächern, die Häuser begannen in
sich zusammenzusinken. Da erwachte ich und hörte einen Knall in der Art
der Detonation schwerer Bomben. Die Fenster klirrten, mein Bett
schaukelte. Ich griff zuerst automatisch an die Wand, ob sie noch stehe –
wollte dann die Lampe anschalten, aber sie verweigerte zunächst den
Dienst, so dass ich mir die jetzt stets bereitgehaltene Kerze anzündete Ich
rieb mir die Augen. War alles nur Traum? Aber noch lag in den Gegenständen ringsum das Zittern und in der Luft das Echo der Detonation. Es
war etwa 3-4 Uhr morgens. Plötzlich fiel es mir ein: Vielleicht war die
Bächlinger Brücke gesprengt worden? Ich beschloss abzuwarten. Gab es
neue Schläge, so würde ich aufstehen, im anderen Falle liegen bleiben. –
Das alles, umständlich erzählt, ging in wenigen Sekunden vor sich und war
begleitet von einem atemlosen Lauschen und einem lauten Herzklopfen. Es
blieb still – von den übrigen Artillerieschüssen abgesehen. Ich beruhigte
mich schnell wieder, dankte Gott für das Bett, in dem ich liegen durfte und
für das schützende Dach über dem Kopfe. – Am nächsten Morgen, es war
der 10. April, wusste ich, dass tatsächlich die steinerne Bächlinger Brücke
gesprengt worden war.

10.4. Wenn man durch das Fernglas die Brücke genau anschaut, so sieht
man, dass sie selbst noch steht und das nur ein Loch in die Fahrbahn gesprengt wurde, das kaum über die ganze Breite reicht. Vermutlich haben
die Pioniere, die selbst den Unsinn dieser Aktion zugaben, den Schaden so
klein wie möglich halten wollen. Da die Brücke erst gesprengt werden
sollte, wenn feindliche Panzer in unmittelbarer Nähe auftauchten, dürfte es
jetzt so weit sein. Der Vormittag verlief fast ganz ohne Schießen. Ein
deutsches Flugzeug wirft zwei Bomben im Notwurf in der Nähe des
Täschleweges ab, richtet zum Glück keinen Schaden an. – Nachmittags
kommt das Artilleriefeuer näher. Wilde Gerüchte von Plünderungen, von
Schwarzen und von de-Gaulle-Truppen.

Im Lazarett jetzt etwa 40 deutsche Verwundete.

II. HAUPTAKT

1. Die Übergabe Langenburgs an die Amerikaner am 11.4.1945

Niemand fand mehr die rechte Ruhe zur Arbeit. Die Menschen gingen umher, wollten hören, ob jemand etwas mehr wisse über die Lage als sie selber, wollten sehen, ob von der Regenbacher oder der Bächlinger Seite Truppen anrücken. Und plötzlich, gegen ½ 11 Uhr Vormittag, hieß es fast gleichzeitig, dass von Bächlingen ein SS-Spähtrupp käme, während von Regenbach herauf amerikanische Panzer-Spähwagen zogen. Wer würde zuerst im Städtchen sein? Waren es die Amerikaner, so durfte mit einer friedlichen Übergabe der Stadt gerechnet werden, deren Leitung und deren Bürger bis auf ganz wenige Ausnahmen bereit waren, die weiße Fahne aus ihren Häusern flattern zu lassen. Kam aber zuerst die SS, um sich vor den Amerikanern in dem strategisch so günstig gelegenen Orte noch in letzter Minute festzusetzen, so war der Kampf nahezu unvermeidlich. Von der Höhe herab konnten alle Zufahrtsstraßen so gut mit Feuer belegt werden, dass möglicherweise noch die feindliche Luftwaffe eingesetzt wurde, was fraglos schwere Opfer gefordert hätte, ohne den Gang des Geschickes im mindesten aufhalten zu können.

Der Himmel hatte es offenbar gut gemeint mit unserem Städtchen, da die Amerikaner sich als die schnelleren erwiesen. Die SS-Truppe, sagt man, sei nach Amlishagen gezogen.

Schreinermeister Truckenmüller erzählt, er sei gerade als Sanitäter im Schloss-Lazarett gewesen, als I. D. Prinzess Alexandra – die ebenso wie I. D. Prinzess Irma im Lazarett als Rot-Kreuz-Schwester geholfen hatte – ihm das Kommen der Amerikaner meldete. Er wollte sie unbedingt selber anrücken sehen und begab sich zu Wolz' Scheune. Willy Günther gesellte sich zu ihm und gemeinsam liefen sie den Panzern entgegen, mit einem weißen Tuche winkend. Der Spähwagen hielt bei ihnen am Ortsende, etwa beim Hause der Frau Frisch. Ein Sergeant und ein Offizier fragten nach dem Langenburger Militär. Es wurde ihnen geantwortet: „Nichts – Lazarett-Stadt." (In der Nacht sollen tatsächlich 120 Mann SS hier gewesen sein, doch sind die morgens bis auf 5 oder 6 Mann, die sich in Truckenmüllers Garten versteckt hielten, weitergezogen, und auch die letzten wollten baldigst verschwinden, doch wurden noch 4 Mann von ihnen wieder eingefangen.) Die beiden Amerikaner hießen nun die beiden Langenburger Bürger sich als „Kühler-Figur" auf den Kühler des ersten Panzerwagens zu setzen, und so fuhren sie ins Städtchen ein bis zum Gasthaus Post. Hier hielten sie und der Offizier verlangte: „Jetzt Bürgermeister." Herr Truckenmüller lief, um Herrn Ziegler zu holen, traf S. D. den Herrn Erbprinzen an der Gartenmauer, der ihn fragte: „Wollen Sie einen Dolmetscher holen?" „Jawohl." „Dann komme ich mit." Die beiden Herren, denen der Bürgermeister sich anschloss, und die zwei amerikanischen Gefangenen begaben sich nun zu den amerikanischen Panzerwagen. Die Frau Bürgermeister stellte inzwischen einen Korb schöner Äpfel den Eroberern zur Begrüßung vor die Tür. Vor dem Hause des Flaschnermeisters Kümmel erfolgte die Übergabe der Stadt ohne alle Komplikationen. Der weitere Einzug in das vielfach mit weißen Fahnen behängte Städtchen, die Verteilung der Panzerwagen an die wichtigsten Punkte der Stadt, erfolgte ebenfalls völlig reibungslos, nur kamen die großen Wagen nicht durch das zu enge Stadttor. Und als ich mich wunderte, dass der Panzer, den ich z. B. an der Bächlinger Chaussee beim Hause des Herrn Forstmeisters stehen sah, nicht größer war, erklärten mir die kleinen Jungens mit gutmütiger Überlegenheit, dass sei doch nur ein Panzerspähwagen. Nun war ich auch militärisch geschult! Panzer sah man bei der Post am Ziegelrain, beim Kriegerdenkmal, an Dinkelbauers Scheuer, an der "Krone" und bei Wolz auf der Zufahrtsstraße nach Regenbach.

Bei den Amerikanern handelte es sich im Übrigen um eine soldatisch streng disziplinierte Kavallerie-Elitetruppe. – Das Lazarett wurde in aller Form von S. D. dem alten Fürsten Ernst den Amerikanern übergeben, die Schloss und Lazarett respektierten. Es kam später ein Schild an das Schlosstor: „Off limits to all troops".

Ein Zwischenfall wurde gemeldet, der indes nicht auf die Amerikaner zurückging. Ein Bürger des Städtchens, Herr Miller, habe gegen das Heraushängen der weißen Flaggen protestiert und sei deshalb mit Herrn Ziegler vom Gasthaus Post in Streit geraten. Es seien Amerikaner hinzugekommen und gleich darauf habe Herr Miller mit gefesselten Händen an der Wand gestanden, vor ihm ein Amerikaner, das Gewehr im Anschlag. Herr Dr. Rohrbach habe Seine Durchlaucht den Erbprinzen geholt, um zu vermitteln. Doch als er kam, war es bereits Herrn Ziegler selber gelungen, die Amerikaner zu beruhigen, so dass sie Herrn Miller wieder laufen ließen.

Noch einem anderen Einwohner Langenburgs wäre es beinahe schlecht ergangen, wenn auch aus ganz anderen Gründen. Herr Fleisch wollte sich wohl auch den Einzug der Amerikaner vom Suhlberg aus ansehen, wurde von diesen für einen deutschen Soldaten gehalten und bekam einen Bauch-streifschuss, der zum Glück keine ernsten Folgen hatte.

Am gleichen Tage noch sandte S. D. der Erbprinz den Herrn Schreiner-meister Lüder und Herrn Kochendörfer nach Ludwigsruhe, wo zwei tote Soldaten lagen und beerdigt werden sollten – doch waren sie schon kurz vor Ankunft der Leute mit Hilfe von Herrn Höhnes zur letzten Ruhe be-stattet worden. Ihre Gräber, an der Kreuzung zweier Landstraßen gelegen, durch zwei schlichte Kreuze gekennzeichnet, sieht man noch heute immer wieder mit frischen Blumen geschmückt.

Der kleine Restbestand an Verwundeten galt nun als gefangen. Trotzdem hatten wir geplant, am nächsten Tage den Geburtstag eines der Lazarettinsassen – er hieß Egon und war öfter mein Schach-Partner ge-wesen – bei Bohnenkaffee und Wein, also bei ganz seltenen Genüssen, zu feiern. Schneider, Bertl, Frl. Lissy kannten ihn auch, und wir freuten uns alle auf das Fest. Es kam aber anders als beabsichtigt, wie sich noch er-weisen wird.

Da sich in Bächlingen und auf den dahinterliegenden Höhen an-scheinend noch kleine deutsche Abteilungen halten, schießen die Amerikaner weiter, doch die deutsche Artillerie antwortet nicht mehr. So wird es zunächst ruhig. – Einige amerikanische Offiziere nehmen im „Stern" Quartier, – ordnen die Abgabe von Waffen, Fotos und Ferngläsern an. Ferner gibt es ein Ausgehverbot von 19.30 bis zum Tagesanbruch, und niemand darf den Ort verlassen oder in ihn hinein. Das genügte wohl für den ersten Tag und war nach all den aufregenden Gerüchten und Er-wartungen ein beruhigender und geradezu ermüdender Verlauf. Im All-gemeinen schlief man in dieser Nacht gewiss sorgloser und tiefer als in der letzten Zeit.

2. Erinnerungen an den 12.-15. April 1945

Am nächsten Morgen, also den 12.4., hatte Herr Truckenmüller im amerikanischen Auftrage nach Bächlingen herunterzugehen und über den Bürgermeister, Herrn Lober, die Bevölkerung aufzufordern, sich kampflos zu ergeben und dies durch Aufziehen von weißen Flaggen deutlich zu machen. Der Bürgermeister stand vor seinem Hause und war nach Empfang der Botschaft recht ratlos, denn ein Offizier der SS hatte ihm gerade gesagt, dass eine kampflose Übergabe nicht in Frage käme und dass Langenburg in der kommenden Nacht von den Deutschen angegriffen würde. Die SS erwartete Verstärkung von Crailsheim, die aber dann doch nicht eintraf, weil sie zusammengeschossen worden war. Aber das wusste man noch nicht. Man erlebte nur wieder eine zunehmende Spannung, die man bereits überwunden zu haben hoffte.

Nun zunächst einmal zurück zu der geplanten Geburtstagsfeier. Wie schon erwähnt, war es vom Schicksal anders beschlossen, denn die Gefangenen kamen sehr plötzlich fort „nach Frankreich", wie ein freundlicher „Ami" erklärte, und sie würden es gut haben. Ein Bürschchen von noch nicht 18 Jahren stand dazwischen, seine Sachen waren gerade in der Wäsche und lagen nass in einer Schüssel neben ihm. Er stand da im Hemd und Pyjamahose. Der Ami versprach, ihn einzukleiden und gut für ihn zu sorgen. Die meisten schienen doch recht aufgeregt. Nun ging es einer ganz unbekannten Zukunft entgegen. Die Schwestern und Pflegerinnen standen da mit Tränen in den Augen – Frl. Lissy, die sonst auf dem Rathaus geholfen hatte, stand nun in ihrer Schwesterntracht und die Lippen zitterten ihr und sie weinte; ich konnte sie gar nicht ansehen, sonst hätte ich auch weinen müssen. Ich guckte immer krampfhaft ins Leere. Dann kam der Egon – das Geburtstagskind. Ich gratulierte ihm etwas mühselig. Er gab mir eine Büchse, die noch etwa ¼ voll war mit gemahlenem Kaffee, und ich gab ihm Wibele und eine Radierung vom Schlosshof. – Gegen 4 Uhr nachmittags hieß es für die 45 Mann Einsteigen in die bereitstehenden Autos, die zu surren begannen und sich bald in Bewegung setzten. Ein Winken und Plattern von Tüchern begann. Die Prinzessinnen, der Erbprinz und seine Gemahlin, alles blickte in sichtbarer Erschütterung diesem zweiten Auszuge des Lazaretts oder seiner Insassen nach, die bald in einer Staubwolke verschwanden.

Eine bange Stimmung blieb zurück. Was würde weiter werden. Wahrscheinlich musste nun das Rote Kreuz, das gewiss manchen Schutz gewährt hatte, fortgenommen werden. Man sprach auch von größeren deutschen Truppenansammlungen. Bald hieß es, dass sie in Nesselbach, bald in Michelbach oder sonst einem der umliegenden Dörfer lägen und das noch mit ernsten Kämpfen zu rechnen sei. Die hin und her pfeifenden großen Granaten gaben jeder düsteren Ahnung Gewicht und Wahrscheinlichkeit.

In jenen Tagen dicht vor und nach dem Einzug der Amerikaner verlegte ein gutes Teil der Bewohner nicht nur seine materiellen Schätze in die Keller, sondern ihr ganzes Leben. Der Eiskeller des Schlosses z. B. war immer bis ans Tor mit Menschen gefüllt, der Luftschutzkeller im Schlosshof voller Kisten, Körbe und Koffer. Noch sehe ich, wie Herr Schneider seinen kleinen Besitz an Gold und Silber Stück für Stück mit Watte, dann mit einem Streifen roten Seidenpapiers und schließlich mit Leukoplast umwickelte, jedes Stück an einen Faden hing und in seine Beinprothese versenkte. Die gesammelten Fäden zog er durch ein kleines Loch nach außen und befestigte sie auch durch Leukoplast, das er darüber klebte.

Noch am gleichen Tage wurde es allgemein bekannt, dass sich in Bächlingen 30-40 SS-Leute befanden. Die Amerikaner hatten sie durch ihre Ferngläser gesehen, und hier und da hörte man ihr Maschinengewehrfeuer. Die Amerikaner schössen auf alles Verdächtige. Es hieß dann, sie hätten den Bächlingern ein letztes Ultimatum gestellt: Bis um 12 Uhr am nächsten Tage sollten sie sich ergeben, wenn sie es nicht taten, würde das Feuer gegen sie eröffnet werden.

13.4. Eine allgemeine Spannung griff um sich. Am Morgen schon stand ungefähr alles, was Beine hatte, an der Gartenmauer, von der aus Bächlingen klar zu übersehen war. Noch am Vormittag sah man aus dem Kirchturm und dem Pfarrhaus eine weiße Flagge wehen. Alles atmete auf. Nur ein verwundeter Kapitänleutnant und früherer Pfarrer in der Gegend, der das Glück hatte, nicht mit den übrigen Verwundeten in Gefangenschaft geführt zu werden, fand es schmachvoll, dass die weiße Fahne gehisst wurde, – im übrigen sollte für uns andere die Freude nur sehr kurz sein, denn plötzlich wurden die weißen Tücher wieder hereingenommen, die SS-Leute mussten das wohl erzwungen haben. Ein neuer Strom von Unruhe, selbst Angst, von Vermutungen und Flüchen, in die die brutale Regierung einbezogen wurde, brach los. Die Mittags- und frühen Nachmittagsstunden schlichen dahin, als läge ein böses Gewitter in der Luft. Vereinzelt fielen schwere Schüsse und die Detonationen rauschten durch die Wälder wie ein machtvoller Sturm. Ein Haus – oder war es eine Scheune? – außerhalb des Dorfes begann hellauf zu brennen wie eine letzte Warnung. An diesem Tage muss es auch gewesen sein, dass S. D. der Erbprinz hörte, wie gerade der Befehl erteilt wurde, ein großes Panzergeschütz auf die Bächlinger Mühle zu richten. Er wandte sich an den befehlenden amerikanischen Offizier mit der Bitte, dies Haus zu schonen – es sei die einzige Mühle in der Gegend und für die Brotversorgung von größter Wichtigkeit. Sofort habe der Offizier ihm zugestimmt und das Geschütz anders richten lassen, eine Haltung die zur Anerkennung verpflichtet.

Ehe das Feuer gegen Bächlingen eröffnet wurde, soll auf Grund einer dringenden Intervention des Erbprinzen beim amerikanischen Kommandanten den Bächlingern, die sich noch unten befanden, der Abzug nach Langenburg gestattet worden sein. Wenn ich nicht irre, war es Herr Dr. Knor, der mit einer Rot-Kreuz-Fahne „bewaffnet" in seinem weißen Kittel den Bächlingern die Nachricht brachte, dass sie sich innerhalb von drei Minuten zum Auszuge bereit halten sollen. Männer, Frauen und Kinder mit Wagen, Körben und Paketen setzten sich in Bewegung und wurden samt und sonders im Schloss, in den leer gewordenen Lazarett-räumen untergebracht und von der Schlossküche aus verpflegt. Eine Frau erzählte erbittert, die SS habe auf ihre flehentlichen Bitten geantwortet: „Wenn wir kaputt gehen müssen, braucht es Euch und Euren Häusern nicht besser zu ergehen." Und über all dem Elend leuchtete die Sonne, die Wiesen grünten, die ersten Frühlingsblumen welkten bereits, ohne dass man gewagt hätte, sich einen Strauß zu holen. Denn überall konnte einen eine verirrte Kugel fassen! Konnten einen herumstreifende Ostarbeiter oder Polen überfallen.

In jenen Tagen entstanden massenhaft „Greuelnachrichten", Geschich-ten, die klein begonnen haben mochten und zu denen jeder, der sie weiter gab, unter dem Gefühlsüberschuss der Erregtheit etwas hinzutat, sodass mindestens Plünderungen und Vergewaltigungen daraus wurden, wenn irgendwo (wie z. B. beim Herrn Dr. Knor) ein paar Zigarren und Wein-flaschen fehlten. (Vier Flaschen waren es – und noch im selben Orte wurde ein ganzer Weinkeller daraus, das gesamte Silberzeug und mehr!) Eine 74-jährige alte Dame beschwor, sie hätte vergewaltigt werden sollen und hätte geschrien: „No, no, I am an old woman!", und sie wollte um keinen Preis etwas davon hören, dass es sich wohl um ein Missverständnis handeln müsse. – Eine junge Dame erklärte mir allen Ernstes am helllichten Mittag, als sie am Gasthaus „Post" einige Sachen für Bekannte bewachte, es sei unverschämt, dass die Leute nicht schneller zu ihr zurückkehrten. „Denn schließlich", fuhr sie fort, „stehe ich hier in fortwährender Lebensgefahr." Ich fragte spontan erstaunt zurück: „Aber wieso denn nur?" „Jeden Augenblick kann man überfallen und vergewaltigt werden." Ich musste lachen, was mir sehr verübelt wurde.

Um die Dämmerung herum setzte die Schießerei nach Bächlingen ein. Abschuss und Einschlag folgten sich nach kurzen Abständen, ich war oben in meinem Zimmer, als eine Freundin kam mit der Botschaft: „Bächlingen brennt." Ich ging mit herüber zur Südseite des Schlosses, wo sich in einem Arbeitszimmer des Statistischen Reichsamtes verschiedene seiner Mit-arbeiter versammelt hatten und durch die geöffneten Fenster ins Tal hinabschauten. Es war fast dunkel, und nur der rote Widerschein des Feuers füllte das Zimmer mit einem vagen flackernden Licht. Drunten brannten zwei bis drei Bauernhöfe. Man hörte das Knistern der Flammen, sah die glimmenden Balken der Fachwerkhäuser und Scheunen, hier und da fuhren helle Garben von Flammen empor, einen Funkenregen um sich versprühend. Dazwischen klang das heisere angstvolle Brüllen einzelner Rinder.

Viele Brände hatten wir in diesen Tagen aus der Entfernung gesehen – dies aber war doch noch um vieles grauenhafter, machtvoller und – gleichzeitig schön. Sehr viel stärker war die Vorstellung, von den Menschen, die hier wohl „müßig" zusehen mussten, kaum aber „bewundert", wie ihre „Werke untergingen". Völlig sinnlos brannte das Ergebnis jahrelanger Arbeit, brannte das Heim nieder, die Geborgenheit, die Vertrautheit. Hier in der Gegend gibt es meist Jahrhunderte alte Häuser – was erlebt der Mensch, der durch Generationen mit ihnen verbunden ist? Springt nicht sein Herz in dieser Glut? Oder wird es zu Stein, unbarmherzig, schwerlastend und ohne jedes Lächeln? Und so brannten tausende und abertausende von Häusern, ganze Dörfer, ganze Städte – ein Meer von Flammen raste über das Land und Mensch und Vieh, unterschiedslos geworden im Schrei der Todesangst, verbrannte und erstickte in Flamme und Rauch. Wozu das alles? Wenn die Menschen lernen wollten – sie hätten doch längst lernen können! Sie wussten doch dem Tode ins Angesicht zu sehen! Warum also warfen sie nicht die Waffen fort? Nur, weil kein Befehl vorlag zur Kapitulation? Waren wir so weit, dass man bei uns nur noch auf äußeren Befehl lebte oder starb? Hatte denn der eigene Gedanke, das eigene Gefühl gar nichts mehr zu sagen? Die toten Seelen – das war schlimmer noch als alles andere, das ja nur dadurch solche Macht hatte gewinnen können.

14.4. Ihre Königliche Hoheit, die Erbprinzessin hat mit dem amerikanischen Kommandanten die Ausgangszeiten vereinbart: Morgens von 8-9 Uhr, nachmittags von 4-6 Uhr. – Vormittags treffen amerikanische Verstärkungen ein. Es beginnen Quartierbeschlagnahmen.

Wie ich erst nachträglich erfuhr, war S. D. der Erbprinz ins rückwärtige Frontgebiet gebracht worden, vermutlich zu einer Vernehmung.

Kleine graue, sehr wendige Wagen, die Jeeps, sah man jetzt oft durch die Hauptstraße flitzen, drinnen die olivgrün gekleideten Amerikaner, meist junge, lustige, gebräunte Burschen, die sich mehr in einem abenteuerlichen Kriegsspiel als in einem furchtbaren und ernsten Unternehmen zu befinden schienen. Man konnte sie fast unaufhörlich rauchen und kauen sehen, wahrscheinlich ihren berühmten Kaugummi.

Die Langenburger Kinder hatten auch viel Interesse für den Kaugummi und andere amerikanische Herrlichkeiten. Sie freundeten sich schnell an mit Soldaten, und es rentierte sich für sie recht gut. Zum besonderen Sport bei Kindern wie bei Erwachsenen wurde das Sammeln von Zigarettenstummeln. Drei solche Stummel gaben eine selbstgedrehte Zigarette! Es entstand ein ganzer Tauschhandel. Es bildeten sich Preise um die kleinen Schätze, die doch bestimmt waren, in Rauch aufzugehen.

Gegen 6 Uhr beginnt deutsche Artillerie, offenbar von Nesselbach her, nach Langenburg zu schießen. Es gibt zwar einige Einschläge, zum Glück aber keine Schäden.

Doch in Bächlingen kommt es zu neuen Bränden und Zerstörungen, denen u. a. die alte überdeckte Holzbrücke zum Opfer fiel, weil sich darauf die letzten SS-Leute verschanzt haben sollen. Von der Gartenmauer des Schlosses aus sah ich zusammen mit vielen anderen die Brücke brennen, sich noch einmal krachend und ächzend aufbäumen, um dann zischend in die Jagst zu stürzen. So manchem standen Tränen in den Augen bei diesem Schauspiel, seltsamerweise auch einem jungen Amerikaner. Er sprach etwas deutsch: „Dies Land – wonderful – uarum Krieg, alles zerstören?" Ein Panzer und ein Spähwagen fuhren herunter, um festzustellen, ob Bächlingen nun frei sei von der SS, was offenbar der Fall war. Da konnten die Bächlinger bald zurückkehren. – Es muss leider gesagt werden, dass es schon wieder Leute gab, denen die Amerikaner nicht „schneidig" genug waren, denen sie zu zögernd durch Bächlingen fuhren, statt flott nach rechts und links zu schießen, denen sie nicht stramm genug grüßten und dergl. mehr.

In Bächlingen war bei den Beschießungen nur ein Soldat tödlich getroffen, der am Kirchenberg beigesetzt wurde. – Nachts heftiges Artilleriefeuer von den Höhen über Regenbach.

15. 4. Sehr schade, dass man in diesen Tagen das Städtchen gar nicht verlassen darf. Die Buchenwälder werden lichtgrün, aus einiger Entfernung sieht man die Schlehen weiß leuchtend vor den dunkleren Waldrändern. Doch dieser schöne Anblick darf noch keinen Frieden vortäuschen.

Am Nachmittag ist ein Gefecht in nächster Nähe, offenbar gleich hinter den Höhen über Bächlingen. Viele Jabos – Jagdbomber – fliegen über uns hin. Das Elektrizitätswerk ist offenbar beschädigt, denn das Licht versagt. – Trotz der allgemeinen Unruhe kehren die Bächlinger in ihr Dorf zurück.

Man erzählt immer wieder von größeren deutschen Truppenansammlungen ganz in der Nähe, man will von versprengten einzelnen deutschen Soldaten gehört haben, dass Fanatiker einen Überfall auf unser „schmachvolles Verräternest" planten. Sollen wir vielleicht auch ein paar Mal den Besitzer wechseln, wie das unglückliche Crailsheim? Aber noch ist es nicht so weit – und so mögen die hoffentlich ganz unnötigen Sorgen begraben werden.

Heute kam auch S. D. der Erbprinz von seiner Vernehmung zurück.

III. NACHSPIEL

1. Kurze Tatsachenberichte vom 16.4.-29.4.1945

16.4. Amerikanischer Angriff gegen das Gelände von Obersteinach, Dünsbach und Ruppertshofen. Über das Jagsttal hinüber Artillerie-Feuer. Vom diesseitigen Jagstufer schießen MGs auf die jenseitigen Höhen. Gleichzeitig Jabo-Angriffe. Bald entfernt sich das Gefecht nach Süden. Hoffentlich schiebt sich die Front von uns fort.

Es ist nur gut, dass die Bächlinger gestern abziehen konnten, denn nun kommen obdachlose und verwundete Nesselbacher ins Schloss – ein elender Zug, einzelne Stücke Vieh und die wichtigsten Habseligkeiten mit sich führend, wie vor kurzem die Bächlinger. Das Schloss soll in jenen Tagen etwa 200 Leute beherbergt haben. Eine Frau war dabei, die durch Rauch erblindet war. In den Armen trug sie ein totes Kind und konnte es nicht fassen, dass es nicht mehr lebt.

Ein junger Mann – Eberhardt – tauchte hier auf. Er hatte nach Beendigung seiner Schule von Schloss Bieberstein heimwandern wollen nach Villach in Kärnten, doch hatten Amerikaner ihn geschnappt, da er keinen Passierschein oder dgl. hatte. Er war mit dem Prinzen Moritz von Hessen befreundet und sollte von dessen Mutter einen Brief an I. K. H. die Frau Erbprinzess persönlich überbringen, da Bahn und Post längst versagten. Um dieses Briefes willen hatte man ihn frei und hierher gelassen. Herr Schneider nahm sich des heiteren Jungen an und versorgte ihn großzügig mit Quartier, Essen und Kleidung. Noch heute – 1949 – stehen beide in postalischer Verbindung. Ich erwähne diesen Sonderfall, weil sicher oft genug in diesen Zeiten der „Zufall" Menschen über den Augenblick hinaus zusammenführte.

17.4. Vergangene Nacht war das Artillerie-Feuer schwächer. Während bisher die Abschüsse nördlich des Schlosses lagen, erfolgten sie heute zum ersten Male vom Westen. Auch aus Richtung Crailsheim und Hall hört man jetzt Geschützdonner. Die Front ist in Bewegung und hat sich von uns entfernt. Kein Kleinwaffenfeuer mehr zu hören, nachmittags kein Gefechtslärm.

Der Bürgermeister erlässt einen Aufruf an die Einwohner, in der kommenden Zeit Ruhe und Disziplin zu bewahren und den Anordnungen der Besatzung genauestens Folge zu leisten.

Ab 11 Uhr wieder schweres Artilleriefeuer aus größter Nähe. Alle 10-15 Minuten eine Salve. Die Fenster klirren und man kommt in der Nacht kaum zum Schlafen.

18.4. Spät abends sieht man zwei große Brände in Richtung Dünsbach und Ruppertshofen.

19.4. Verschiedene Häuser wurden von den Amerikanern vollständig beschlagnahmt und müssen innerhalb von zwei Stunden von den Bewohnern geräumt werden.

Die schwere Batterie steht jetzt in der Gegend von Ludwigsruhe. Spät abends zahlreiche Abschüsse Richtung Crailsheim.

20.4. Amerikanische Fronttruppen ziehen mit längerem oder kürzerem Aufenthalt durch Langenburg. Ein Brückenbau-Kommando auf dem Wege nach Bächlingen. Nach ein paar Stunden ist die Bächlinger Brücke mit zwei breiten Autoschienen wieder passierbar gemacht.

Vormittags kommt eine Offizierskommission der Militärregierung ins Schloss. Ihr Verhalten ist sehr korrekt. Das Schloss soll geschützt werden und erhält Plakate „Off limits to all troups".

Der Ausgang ist jetzt frei von morgens 7 Uhr bis abends 17 Uhr. Der Ort darf jedoch nur mit besonderer Genehmigung verlassen werden.

22.4. Ununterbrochen starke Auto-Transporte über Bächlingen nach Süden. Die Bächlinger Brücke ist jetzt wieder vollständig repariert.

23.4. Morgen früh sollen alle Russen und Polen vor dem Rathaus antreten, um, wie es heißt, zunächst nach Künzelsau zu kommen.

24.4. Die Ostarbeiter dürfen zunächst hierbleiben und sollen weiterarbeiten.

Ab heute wird die Ausgangserlaubnis auf alle Orte im Umkreis von 6 km ausgedehnt.

27.4. Die amerikanische Besatzung ist aus Langenburg abgerückt.

29.4. Als z. Zt. letzter Rest der amerikanischen Besatzung ist eine Autokolonne mit Negersoldaten am Wege nach Binselberg liegen geblieben. Außerdem liegt eine Abteilung Neger in Bächlingen.

2. Tauschhandel mit den Negern

In jener Zeit, als die Neger zwischen Binselberg und Nesselbach ihre Zelte aufgeschlagen hatten, entstand ein zunächst zaghafter, aber schnell zunehmender Tauschhandel zwischen ihnen und der Bevölkerung der umliegenden Orte, der bis in den August hinein ging. Da dieser Handel eigentlich verboten war, wurde er meist in den Dämmerstunden erledigt. – Noch weiß ich mich auf das Deutlichste auf die Gefühle zu besinnen, mit denen ich mich zusammen mit einer Langenburgerin auf den Weg „ins Unbekannte" machte, – auf die Hoffnungen und Gespräche, die Vorübungen in der englischen Sprache. Wie sollte man überhaupt an die Schwarzen herankommen? Würden sie uns verstehen und wir sie? Wie würden sie sich verhalten? Angst, Gruseln, etwas Abenteuerlust, Hunger auf jahrelang entbehrte Nahrungs- und vor allem Genussmittel, Vorfreude auf einen glücklichen Tausch begleiteten uns auf Schritt und Tritt. Für manche mögen nationale oder moralische Hemmungen bestanden haben. Die hatte ich gar nicht. Wir gaben Gelder oder Sachwerte ab, die den Negern wertvoller waren als das, was sie uns gaben – und umgekehrt. Es lag kein Zwang vor, beide Parteien würden froh und zufrieden sein über den Tausch, die Neger deswegen nicht hungern und wir nicht überfüttert werden.

Und dann tauchten plötzlich ein paar schwarze Burschen auf und man verständigte sich leicht und selbstverständlich. Die Neger hatten schon Übung, da wir längst nicht die Ersten waren. Mich faszinierte an ihnen oft eine gewisse Kindlichkeit und es wirkte erstaunlich, wenn der eine oder andere von seiner Frau und seinen Kindern zu erzählen begann. Oft hatten sie Heimweh und z. T. war deswegen wahrscheinlich der Schnaps besonders geschätzt bei ihnen.

Als Graphologin interessierte mich ihre Handschrift und ich bekam auch ohne weiteres einige Schriftproben von ihnen, die meist Komplimente für die deutschen Mädchen enthielten. Einer nur schrieb überraschender Weise: „I think of the birds as no other one for I like to be proud."(Ich denke an die Vögel wie niemand sonst, denn ich bin gern stolz.") Die Schriften bestätigten mir durchaus den Eindruck, den ich von ihnen gewonnen hatte – d. h., von einfachen Neger-Soldaten. Es waren erdverbundene, vorwiegend triebhafte und gefühlsgeleitete Naturen von einer außerordentlichen Sensibilität der Sinne, nicht stumpf, nicht grob, auch keineswegs dumm, aber noch recht wenig gebildet, obwohl bildungsfähig, auch noch wenig individualisiert, aber echt in ihrer Art. Fast alle hatten ein sehr schwankendes Selbstgefühl. Natürlich kann man nicht nach fünf kurzen Schriftproben ein Urteil über „die Neger" abgeben, die ja auch sehr verschiedene Rassen und Klassen in sich schließen. Immerhin lassen die vielen Gemeinsamkeiten bei fünf ganz beliebig herausgegriffenen Schriftproben eine gewisse Verbreitung der daraus entnommenen Charakteranlagen vermuten.

Es war schon fast dunkel, als ich sehr beglückt mit meinem einen lbs. grob gemahlenen Kaffees nach Langenburg zurück zog. – Ein anderes Mal, (ich war nur drei Mal draußen bei ihnen), schenkten uns einige Neger einen ganzen gekochten Schinken, ohne dass wir ihnen irgendetwas dafür geboten oder sie irgendetwas dafür verlangt hätten.

Man hörte damals viel von der Gleichberechtigung aller Völker und Rassen und atmete auf nach der jahrelang gehörten Überheblichkeit und Einseitigkeit der Darstellungen der Rassenkunde unter Hitler, aber wie so oft im Leben, schien auch hier noch wenig Kongruenz zwischen Theorie und Praxis zu bestehen. Zu Herrn und Frau Dr. Knor kam damals einige Male ein gebildeter Neger aus einem Camp aus der Gegend bei Orlach, um Klavier zu spielen. Er verstand sich gut auf die deutschen Klassiker und ganz besonders auf Beethoven, dessen Musik er vielfach auswendig zu spielen wusste. Eines Tages lauerten ihm einige amerikanische Soldaten auf, um ihn zu verprügeln. Es gehöre sich nicht, meinten sie, dass ein Neger bei einem weißen Herrn Klavier spiele. Der Neger aber war zum Glück rechtzeitig nach der Gartenseite des Hauses entwichen und man darf nur hoffen, dass die amerikanischen „Tugendwächter" ihn nicht mehr in ihre sicher nicht sanften Hände bekommen haben.

3. Kurze Tatsachenberichte vom 7.5.-30.5.1945 und einiges über Radio-Sendungen aus dieser Zeit

7.5. Neue amerikanische Truppen auf dem Rückmarsch in Langenburg eingetroffen, die einige Wochen bleiben sollen. Daher wieder viele Privathäuser beschlagnahmt.

8.5. S. D. Herr Erbprinz wurde heute vom Gouverneur in Schwäbisch Hall zum Landrat vom Kreise Crailsheim ernannt.

15.5. Prinzipielle Entscheidung der obersten amerikanischen Instanz wonach der Erbprinz nicht Landrat werden kann, weil er Angehöriger eines Fürstenhauses ist.

17.5. Der Erbprinz wurde nun doch als Landrat bestätigt.

23.5. Abends kommt es vor dem Schloss zu einem Zusammenstoß zwischen dem Erbprinzenpaar und einem angetrunkenen amerikanischen Soldaten, der deutsche Frauen zu einem Soldatenfest einladen wollte. Über die erhaltenen Absagen war er ärgerlich schoss in die Luft und rempelte

Seine Durchlaucht an. Mit knapper Not konnte eine bösartige Zuspitzung vermieden werden durch die Geistesgegenwart I. K. H. der Frau Erbprinzessin, die den Angreifer ohrfeigte – was für eine Dame keine großen Folgen erwarten ließ.

28.5. Weiterfahrt des Fürstenpaares Metternich, das sich vorübergehend auf der Flucht von ihrem böhmischen Besitz Königswart hier aufhielt.

Ein neuer Ortskommandant wurde eingesetzt. Seine Abteilung hat die gestern abgezogene abgelöst.

30.5. Der neue Ortskommandant scheint einen schärferen Ton einführen zu wollen. Er hat seinen Leuten jeden Kontakt mit der Zivilbevölkerung verboten und angedroht, dass jeder ohne Warnung erschossen wird, der 5 Minuten nach 9 Uhr noch auf der Straße ist.

Eine Reihe früherer führender Parteimitglieder werden abgeholt und in Internierungslager gebracht zur Zwangsarbeit.

*

Etwa Mitte bis Ende Mai brachte der Radio regelmäßig Berichte der Anglo-Amerikaner über die Zustände in den deutschen Konzentrationslagern, in denen Menschen zu Tausenden gemordet worden waren, vergast, verbrannt, totgeprügelt, totgehungert – und selbstverständlich waren dies gleichzeitig schwere Anklagen gegen das ganze Volk der Deutschen, die von den Hörern sehr verschieden aufgenommen wurden. Die erste Opposition gegen das Pharisäertum, das aus dieser Art der Radiomeldungen spräche, hörte ich überraschenderweise von dem Leiter des Statistischen Reichsamtes, Außenhandelsstelle Langenburg, Herrn Reg. Rat Dr. Langelütke, einem sonst sehr anglo-amerikanisch-freundlichen Manne. Er hatte geglaubt, in der anglo-amerikanischen Politik sich stets verstärkende christliche Elemente zu finden – und das mag seine Enttäuschung und seine Ablehnung der mehr am Rachegedanken orientierten Strafpredigten am Auslandssender verständlich zu machen. Auch scheint er sich die ganzen Reden anzuhören. Er darf nämlich das Schloss nicht verlassen, niemand weiß, warum eigentlich nicht. Zwei amerikanische Soldaten, die sich alle zwei Stunden ablösen, stehen Tag und Nacht Wache vor dem Tor und sehen alle zwei Stunden in seinem Zimmer nach, ob er auch noch nicht durchgegangen sei. Am Schlosseingang ist an einem Baumstamm eine Wache-Anweisung angeschlagen, auf der Dr. Langelütke als „Dr. Leyden-

Hall" bezeichnet wird. – Nach einigen Wochen wurde die Bewachung dann ebenso unerwartet, wie sie begonnen hatte, wieder aufgehoben.

Dr. Langelütke begann unregelmäßig Vortrags- und Diskussionsabende zu veranstalten, auf die ich wahrscheinlich noch zurückkommen werde.

4. Vier Kinder durch Handgranate schwer verletzt

Am **9. Juni** schaute ich aus meinem Fenster in den Schlosshof hinab. Da kam ein Bauernwagen vorgefahren, aus dem ein schwaches Wimmern klang, ich blickte genauer hinunter, sah unter blutigen Decken sich etwas regen. Es waren vier Kinder – wie ich später hörte aus Regenbach – die beim Spiel mit einer Handgranate (nach einer anderen Darstellung war es ein Blindgänger) verunglückt waren. Eines der Kinder starb gleich auf der Treppe zum Krankenhaus an seinen schweren Verbrennungen. Die anderen, deren einem der Bauch aufgerissen war, wurden verbunden und noch am selben Tage nach Hall gebracht in das große und gut eingerichtete Krankenhaus und konnten gerettet werden. Während sie hier nun in ihrem elenden Zustande die alte Schlosstreppe emporgetragen wurden, sah ich unten am Eingang einen jungen Amerikaner stehen, den Kopf gegen die Wand gelehnt und so hoffnungslos schluchzen, als seien es seine eigenen Kinder, die der Drache des Krieges zerfetzt hatte.

5. Ein Vierteljahr Erinnerungen: Juli, August, September

Juli Anfang Juli tauchte Hannes H. hier auf mit einem Kameraden Namens Horst. Hannes kenne ich schon von Berlin her als kleinen Jungen. Der Zufall hatte seine sich auflösende Truppe in diese Gegend geführt. Wir waren beide nicht wenig überrascht, uns plötzlich gegenüber zu stehen. Eine Woche lang wurden Hannes und Horst im Lazarett aufgenommen und verpflegt, dann gingen beide zur Landarbeit: Horst zum Bauern Brand, Hannes auf den Kupferhof. (Inzwischen ist es Juli 1949 geworden. Beide sind in Stuttgart gelandet, um sich zu Architekten auszubilden. Und ich stehe mit beiden – und mit dem Kupferhof – noch in Verbindung.)

Damals – also im Juli 1945 – wurden bei Langelütkes regelmäßig Konversationsabende in englischer Sprache veranstaltet – später kamen noch „französische Abende" hinzu.

Die Lebensmittelversorgung war noch recht schlecht – auf alle Fälle schlechter als in den kritischen Tagen kurz vor und während der ersten Besatzungszeit, in der der damalige Bürgermeister, Herr Ziegler, die Verteilung mit viel Geschick übernommen hatte, da die Ablieferung und überhaupt die Gesamtplanung unmöglich geworden waren. Ab und an hieß es, es sei dies oder jenes für die Stadt resp. ihre Einwohner geliefert worden – so z. B. zwei Tonnen Zucker – aber es kam nichts zur Verteilung. Erbitterte Reden wurden geführt – während die Zeitungen viel von der Verbesserung der Lebenshaltung schrieben, von Liebe und Völkerversöhnung. Man meinte, die Redewendung: „Kinder genießt den Krieg, der Friede wird furchtbar", sei nur zu gerechtfertigt. Die ganz Schlauen wünschten Hitler schon wieder zurück und wollten nicht einsehen, dass es s e i n Erbe sei, das ihnen so gar nicht zusagte.

Herr Langelütke lud zu einigen Zusammenkünften ein, an denen öfter auch Mitglieder der fürstlichen Familie teilnahmen. Es wurde über Wahlreform, organische Demokratie, Stufenwahl und Drei-Kammersystem geredet und Dr. „Lalü", so wird er von seinen näheren Bekannten genannt, machte Ausarbeitungen zum Stufenwahlrecht, die Herr Dr. Rohrbach sen. mitnehmen wollte nach Stuttgart, wo er Parteiführer der demokratischen Richtung kennt. – Es wird überhaupt vorwiegend politisiert.

Eine Erhebung und ein Vergessen von mancherlei Sorgen und Entbehrungen bringt zeitweise der neugegründete Oratorien-Chor seinen Teilnehmern. Prof. Kittel aus Berlin hat sich trotz seines schon recht hohen Alters und angetrieben von einem unbezähmbaren Temperament und seiner tiefen Liebe zur Musik unserer meist ungeübten Stimmen angenommen. – Die Notenbeschaffung war auch recht schwierig, wenngleich der „Langenburger Liederkranz" dem Chor in dankenswerter Weise sein Liederbuch lieh. Öfter mussten Noten-Abschriften hergestellt werden. Ich weiß nur, dass I. K. H. die Frau Erbprinzess aus dem Requiem von Mozart, aus dem Requiem von Brahms, verschiedene Kirchenlieder von Gluck, von Schubert und das unvergessliche „Die Himmel rühmen des Ewigen Ehre" von Beethoven äußerst klar und exakt kopiert hat, wofür wir ihr alle sehr dankbar waren.

August Es geschieht nichts von Bedeutung. – Sport und Flirt scheint das Leben der amerikanischen Soldaten in der Hauptsache auszufüllen. Zuweilen sind einige betrunken und richten dann kleine Verwüstungen in den Häusern an, schlagen Fenster entzwei, werfen Möbel die Treppe herunter und dgl. Einer von ihnen hält mich einmal am Arm fest und fragt fortwährend: „Are you a man or a woman?" und „I will see your pass!" Er ließ mich erst nach etwa zehn Minuten wieder los, nachdem ihn zwei Kameraden dazu gezwungen hatten.

Im Radio hört man Nachrichten über die Atom-Bombe, über die Besiegung Japans, über „Siegesmärsche" und „Neues Leben, Gleichberechtigung aller Völker und Rassen" und ähnliche schöne Ansätze und Beteuerungen. Die Wirklichkeit sieht, wie schon angedeutet, sehr viel weniger schön aus. Besonders deutlich wird sie am Flüchtlingselend. Es kam ein Transport aus Ungarn. Den Leuten fehlte es an allem: Kleidung, Nahrung, Obdach. Und schon hört man aus Ost und West vom Abbruch deutscher Fabriken und aus dem Osten im Besonderen von Zwangstransporten deutscher Arbeiter und Fachleute nach Russland. (Vgl. „Die Seele des Ostens" von dem Geschichtsphilosophen Schubart, der so bedingungslos von dem „messianischen, russischen Menschen" schwärmt, der allein die Welt erlösen kann und wird!!)

In der Nacht vom 29.-30. wird Prinzess Irma plötzlich von Amerikanern abgeholt, außer ihr die Herren Münz, Meerkamp und einige andere. – Früher waren die Nationalsozialisten die Einsperrer, – jetzt sind sie die Eingesperrten. Was wäre daran neu, außer dem Personenwechsel? Allerdings bin ich überzeugt, dass man bei weitem nicht so grobe Methoden zur Anwendung bringen wird wie in der Vergangenheit.

September Am 5. ds. Mts. kommt I. D. Prinzess Irma zurück, die nur irrtümlich „entführt" worden war und an ihrer Stelle wird I. D. Prinzess Alexandra mitgenommen – nicht ahnend, dass dies ein Abschied für Jahre sein sollte. Sie war sehr gefasst, als sie in das Auto stieg und winkte allen noch freundlich zu. Erst am 23.12.1947 kehrte sie wieder heim.

Es gab noch einmal herrliche, sommerliche warme Tage. An einem solchen – es war der 13. – hatte der alte Fürst Ernst zu Hohenlohe-Langenburg Geburtstag und der Oratorienchor veranstaltete ihm zu Ehren ein Singen im Schlosshofe, das S. D. der Fürst mit einer Ansprache abschloss. Vielen standen Tränen in den Augen, als er geradezu beschwörend seine Stimme erhob: „Deutschland ist nicht erledigt. Der Herrgott kann es nicht zulassen, dass ein solches Volk untergeht. Wir wollen alles tun, um wieder auf die Höhe zu gelangen."

Ende des Monats besuchte mich für kurze Zeit mein Schwager. Ich hatte ihn einige Jahre nicht gesehen und erkannte ihn zuerst nicht wieder, so elend sah er aus, blass und verhungert. – Von meinem Bruder hatte ich – wie so viele von ihren Angehörigen – seit Jahr und Tag keinerlei Nachrichten.

44

Vom 29. September bis zum 8. Oktober findet in Bad Boll eine Kirchentagung statt, die erste ihrer Art, an der verschiedene Herren der Außenhandelsstelle des Statistischen Reichsamtes, darunter ihr Leiter, Herr Dr. Langelütke, sodann Herr Pleuss und Herr Dr. Rohrbach mit Vater und Sohn, teilnahmen.

6. Das Schulhaus brennt!

Die letzte eindrucksvolle Erinnerung an die Besatzungstruppen war der Brand im Schulhause, der in den Anfang Oktober des Jahres 1945 fiel.

Die Amerikaner hatten ein Fest gefeiert und einer von ihnen war mit der brennenden Zigarette ins Bett gegangen und schnell eingeschlafen. Die Zigarette setzte das Bett in Brand und er wurde unsanft geweckt. Das Feuer griff schnell um sich, doch konnten alle Amerikaner noch geweckt werden und sich rechtzeitig in Sicherheit bringen.

Als einige Langenburger, die das Feuer bemerkt hatten, zum Löschen kamen, wurden sie zunächst daran gehindert. Die amerikanischen Hausbewohner hatten sich eine Bank geholt, betrachteten aus sicherer Entfernung wie die Kinder das „Feuerwerk" und schrien begeistert: „Prima, prima!!" Später halfen sie beim Löschen, doch ist durch die Verzögerung das Dach und das darunter liegende Stockwerk ganz abgebrannt.

Zufällig las ich den Bericht über das Geschehnis unter der Überschrift „Fire at Langenburg" in einer amerikanischen Armeezeitung. Hiernach war es nur dem schnellen, tapferen Zugreifen der amerikanischen Soldaten zu danken, dass ein Teil des Hauses gerettet werden konnte.

7. Was der Oktober noch brachte

I. D. Prinzess Alexandra soll einen Brief geschrieben haben, dass sie mit vielen anderen zusammen leben müsse bei wenig Hygiene und schlechtem Essen, ohne dass ein Verhör stattgefunden habe.

Am 6.10. findet eine kleine Versammlung statt, die einen Lehrplan für eine Langenburger Oberschule aufstellen will.

Der Oratorienchor übt und probt für ein Kirchenkonzert in Hall, das am 11. mit gutem Gelingen stattfindet.

Einige junge Burschen wurden von Amerikanern verprügelt, einer von ihnen musste ins Krankenhaus eingeliefert werden. Er hatte deutschen Mädchen, die mit Amerikanern gingen, Rache angedroht.

Am Nachmittag des 15. wird durch Herrn Dr. Rohrbach sen. ein ausführlicher Bericht über die Kirchentagung von Bad Boll gegeben mit anschließender Diskussion, unter den Hörern befanden sich außer dem Erbprinzenpaar Prinzess Irma und Prinz Constantin, der infolge des Vordringens der Russen seine Besitzungen in Böhmen hatte verlassen müssen. – Heut da die Welt wimmelt von Versammlungen, Beschlüssen und Berichten, mag es erstaunlich wirken, wenn der Boller Tagung so viel Aufmerksamkeit gewidmet wird – damals war sie ein Ereignis, eine Hoffnung, ein erstes Zusammenfassen von Kräften, das zwar bis in die Gegenwart hinein wirkt – selbst in unserer kleinen Stadt wurde ein „Boller Kreis" gebildet – doch scheint eine Einflussnahme im Großen nicht zu bestehen. Damals wurde die Gründung einer Evangelischen Akademie geplant und es wurden viele Vorträge gehalten, so z. B.: „Der Auftrag der Christen an die Öffentlichkeit", „Römisches Recht", „Politik und Ethik seit Reformation und Renaissance" (Prof. Ritter), „Die Zersetzung des Rechts" (Asmussen), „Biblische Lehre von der Sendung des Staates" (Prof. Köbele), „Fragen christlicher Verantwortung in meinem Geschäft" (Fabrikant Lechler) u. a. mehr. Der Landesbischof Wurm nahm Stellung zum Thema „Politik und Christentum" und verfocht den Satz: „Die Trennung darf nicht zwischen Bürger und Arbeiter liegen sondern zwischen Ordnung und Umsturz." Sogar über „Grundsätzliches zum Ehescheidungsrecht" und über „Ost-Asiatische-Religionen" wurde gesprochen. – Die ganze Tagung stellte ein Treffen dar zwischen Kirchenvertretern einerseits und Wirtschaftlern sowie Juristen andererseits. Herr Dr. Rohrbach schloss etwa mit den Worten: „Auf Jura und Wirtschaft muss ja das künftige Leben Deutschlands ruhen, wir brauchten hierfür eine nationale Unterbauung." (?) „Das wurde auf der Tagung leider nicht deutlich."

Es lässt sich denken, dass bei einer solchen Fülle von Themen weder in Boll und noch viel weniger in unserem kleinen Zirkel eine gründliche Durchdringung möglich war. Der Wert des Unternehmens wird in der Anregung gelegen haben. Der Herr Dekan gab einige Ergänzungen und meinte, nur die Kirche werde die Völker einander näher bringen. (Warum hat sie es nicht schon getan?) Weiter sprachen über ihre Eindrücke Herr Pleuss, (jetzt in Stuttgart tätig), Herr Dr. Knor (inzwischen verstorben), Herr Dr. Langelütke (wirkt in München als Regierungsdirektor.) Aus der Diskussion schien mir – als eine begreifliche Zeitströmung – eine allgemeine Überschätzung der Kirche zu sprechen, die auf das berechtigte Misstrauen den Staaten gegenüber zurückgegangen sein mag. Einen kleinen

Vorschlag I. K. H. der Frau Erbprinzess möchte ich noch festhalten: „Wäre es nicht besser, den Religionsunterricht in den Schulen mit dem Neuen Testament beginnen zu lassen, statt mit den Sünden und Totschlägereien des Alten Testaments?" Ach, wie schwer würde es schon sein, so eine gewissermaßen völlig unschuldige und doch so einleuchtende Umstellung durchzusetzen – selbst in einer Zeit, in der alles wankt und nach Erneuerung schreit, wie viel konservativer und dogmatischer wird die Kirche sich zeigen, wenn es einmal um zentrale Probleme geht!

Ein Transport schlesischer Flüchtlinge – dem im Frühjahr des nächsten Jahres Bessarabier folgten – stellte Langenburgs Wohnungsamt schon vor erhebliche Schwierigkeiten. Zählt man die Evakuierten und Bombengeschädigten hinzu, die in unserem Städtchen eine Aufnahme fanden, so hat sich dessen Einwohnerzahl fast verdoppelt! (Ich behandle diesen an sich wichtigen Tatbestand so kurz, weil es mir hier an Erfahrungen und Informationen fehlt.)

Die amerikanische Besatzung rückte bereits zwischen Ende Oktober und Anfang November 1945 endgültig von Langenburg ab – den meisten zur Freude, einigen auch sehr zum Leide. Sicher blieben einige Mädchen und Frauen in der Hoffnung zurück, dass sie nun mit gelegentlichen Briefen und Paketen „von drüben" rechnen durften und vielleicht sogar einmal selber über „das große Wasser" geholt würden. Soweit mir bekannt, haben sich diese Phantasien nur in einem Falle realisiert: Anneliese Kraus konnte sich in Amerika verheiraten.

8. Der November

In diesem Monat verdichtete sich die Gefahr der Ausweisung, die schon längere Zeit über den Evakuierten schwebte und eine allgemeine Unruhe hervorrief. Zum Glück wurde dann nichts aus jenen unheilvollen Plänen, die Menschen wie Ware hin und her schieben.

Herr Dr. Rohrbach hielt in den ersten Tagen des Monats – auch wieder im „Zirkel Langelütke" – einen Vortrag über das „Physikalische Weltbild der Gegenwart", in dem er besonders auf die atomare Struktur der Welt zu sprechen kam, auf Atomzertrümmerung und Atombombe. Diese letztere hielt er ganz entschieden für einen Schwindel nicht anders, als behaupte man, mit einem „Überzündholz" Wasser zum Brennen bringen zu können oder Hase und Ente zu kreuzen. „Und ich", entgegnete ihm Dr. „Lalü", „kann als Politiker und Psychologe nicht zugeben, dass die Atombombe ein

47

Schwindel sei." Dabei verblieb es. Inzwischen dürfte die Zeit zugunsten der Atombomben-Gläubigen entschieden haben – man muss wohl sagen, leider!

Am Sonntag den 11. sang der Oratorienchor in der Stadtkirche zu Langenburg unter Mitwirkung der Sopranistin Martha Deibert, des Violinisten Erich Deibert, des Organisten Walter Gönnenwein aus Schwäbisch Hall. Es kamen Bach, Mozart, Schubert und Händel zum Vortrag.

Ende des gleichen Monats hielt ich einen Vortrag über Graphologie, den ich erwähne, da nach den bereits genannten Themen die Lebhaftigkeit und Vielseitigkeit der Interessen deutlich wird, die damals nach dem langen Druck durch Krieg und Nationalsozialismus empor sprudelten, wie der Sekt in der Flasche in dem Moment, da der Korken gelöst wird.

9. Der Dezember

Ganz unversehens war der Weihnachtsmonat herangekommen. Man wollte sooo gern schenken – und es gab doch fast gar nichts zu kaufen, höchstens einen Tausch in Sachwerten. In jener Zeit florierte infolgedessen der Handel mit den wenigen Dingen, die zu erwerben waren – wie z. B. graphologische Gutachten. Die Graphologen hatten ganz allgemein viele Gutachten-Aufträge. Zudem malte ich kleine Aquarelle, schnitzte Brieföffner und Broschen aus Fichtenholz und bemalte sie und dgl. mehr. Damals waren schätzungsweise 30 Milliarden Geld im Umlaufe anstatt der normalen 3 Milliarden, und diese Gelder hielten Nachfrage. Die Lebensmittel waren noch immer streng rationiert und zudem durch Zwangspreise sehr billig. Also stürzte sich das Geld auf den „schwarzen Markt" (eine Schachtel amerikanische Zigaretten kostete damals RM 100,–) und auf kleine kunstgewerbliche Erzeugnisse. Ich arbeitete Nacht für Nacht bis gegen 3 oder 4 Uhr.

Am Nachmittag des 23. und des 26. ds. Mts. veranstaltete der Oratorienchor unter Leitung von Herrn Prof. Kittel und unter Mitwirkung der Sopranistin Frau Tilla Briem sowie Frau Felicia Dietrich Klavier im Theatersaal des Schlosses eine „Weihnachtliche Feierstunde". Es wurden verschiedene volkstümliche Weihnachtslieder sowie der V. Satz, „Ihr habt nun Traurigkeit", aus dem deutschen Requiem von Joh. Brahms gesungen.

Für viele war das Fest ein schmerzlicher Tag, da der sechsjährige Krieg kaum eine Familie verschont hatte. Da fehlten Väter und Söhne unter dem

Tannenbaum, vielen fehlte die Heimat, viele hungerten, viele froren. Man kann sich schon seit der Währungsreform 1948 kaum noch vorstellen, wie groß das Elend war und wie es buchstäblich an allem fehlte – natürlich auch an Kerzen für den Christbaum. Dennoch fand sich hier und da ein Lichtlein, aus altem Wachs gegossen, aus einem Auslandspaket oder über Jahre hin aufgespart. So hatte auch ich drei Kerzenstümpfchen mit Draht an einigen Zweigen des grünen Baumes befestigt. Mein Giebelzimmer war warm, im Ofen summte das Wasser für eine Tasse Kaffee. Mehr brauchte es zum Glücke nicht. In Berlin lagen meine beiden Eltern begraben. Das Haus, in dem ich gewohnt hatte, war ein Trümmerhaufen. Aber das Nest, das ich unter dem Schlossgiebel gefunden hatte, war mir zur Heimat geworden; das empfand ich froh und dankbar und wünschte, dass es recht vielen ähnlich ergehen möge.

Am zweiten Feiertage war ich zum Essen bei der alten Frau Simon eingeladen. Als ich heimkehrend auf das Schlosstor zuschritt, kam mir Prinz Kraft, der älteste Sohn des Erbprinzenpaares aufgeregt entgegen: „Fräulein Führer, bei Ihnen hat es gebrannt! Vati hat gelöscht, Mammi hat gelöscht, Steinmeier hat gelöscht und ...", er holte tief und stolz Atem – „und ich habe das Feuer entdeckt." Ich wollte es erst gar nicht glauben, aber bald stand ich in einem völlig verqualmten Zimmer, in dem Holzkohlenreste und Wasser den Brand recht aufdringlich bezeugten. Ich hatte Holz zum Trocknen in oder auf den Ofen gelegt und vergessen, es vor meinem Ausgang fortzulegen. Es war mir furchtbar unangenehm und ich schwor mir, in Zukunft die allergrößte Vorsicht walten zu lassen. Ich war eben weder an den Umgang mit einem eisernen Ofen noch an Holzfeuerung gewöhnt. Und so mag mancher einen kleineren oder größeren Schaden angerichtet haben, weil er mit den veränderten Verhältnissen noch nicht vertraut war.

Am Donnerstag, dem 27. Dez., kamen Wirtschaftsminister Andre und Oberstudiendirektor Simpfendörfer, späterer Kultusminister, nach Schloss Langenburg, um bei Ob.Reg.Rat Dr. Langelütke und im Beisein S. D. des Herrn Erbprinzen die Gründung einer Ortsgruppe der Christlich Sozialen Union (CSU/CDU) zu besprechen. Es machte besonders auf die Anwesenden Norddeutschen einen überraschenden und angenehmen Eindruck, wie völlig zwanglos und sachdienlich sich hier nicht nur der Verkehr zwischen dem alten Fürstenhause und dem „Volke", sondern auch zwischen diesem und dem Minister, abspielte. Nach dessen Darstellung ging es in erster Linie darum, dass a l l e christlich orientierten Strömungen, vor allem also auch Katholiken und Protestanten, zusammenarbeiteten als Gegengewicht gegen die marxistisch-materialistische Lebensauffassung und Politik. Andere drückten die Sache etwas konkreter aus, indem sie meinten, unsere Hauptaufgabe sei es, mit allen Mitteln ein tragbares Bollwerk gegen die Kommunisten aufzurichten – eine Aufgabe, die auch für die Gegenwart noch von Bedeutung ist, die leider auch noch ziemlich weit in die Zukunft hineinreichen wird. Diese letzte Formulierung hat sich insofern besser bewährt als die erste, als jetzt – nach den Bundesratswahlen 1949 – schon die Bildung einer Koalition zwischen CDU und SPD in vollem Gange ist – was mindestens auf eine Duldung der „marxistisch-materialistischen Lebensauffassung und Politik" durch die CSU hinausliefe. Von einem „Bollwerk" kann schon keine Rede mehr sein.

Ich will es dabei ganz offen lassen, ob ich die materialistische Lebensauffassung richtig oder falsch finde – ein solches Problem ist nicht mit drei Worten zu erledigen – auf jeden Fall aber scheint mir durch die Koalitionstendenzen wieder die Berechtigung der alten Redeweise vom „politischen Kuhhandel" erwiesen. – Ich muss gleichzeitig gestehen, dass ich nicht so völlig überrascht war durch die schwache Haltung der CDU. Und das kam so: An jenem 27. Dez. 1945 fragte ich den Wirtschaftsminister, der mir persönlich einen recht sympathischen Eindruck machte, wie er sich zu der Alliance von Kirche und Staat stelle, und da antwortete er wie auch Herr Simpfendörfer ganz spontan, dass Kirche und Staat zusammengehörten und die Kirche nicht daran dächte, die Vorteile preiszugeben, die sie durch den Staat als ihren Steuereinnehmer hätte. Da regte sich ebenso spontan mein Misstrauen. Das waren also die „Idealisten", die den Zeitströmen, d. h. den materialistischen Zeitströmen, kraftvoll entgegentreten wollten? Und man weiß doch auch: „Wes Brot ich esse, des Lied ich singe!" Die Staaten aber sind schließlich alles andere als christlich orientierte Organisationen – es stimmt im allgemeinen schon, was Nietzsche im „Zarathustra" in dem Kapitel „Vom neuen Götzen" über sie sagt; von der CDU, dachte ich, wird nicht viel Neues, nicht viel Kritik und nicht viel Aufbau zu erwarten sein. Die Leute machen wahrscheinlich im alten Stile weiter. Dieser alte Stil aber ist der Dämonie der Zeitspannungen und Probleme keinesfalls gewachsen. Es ist ja gewiss noch nicht „aller Tage Abend", – aber bisher, auf alle Fälle, hat die CSU genauso versagt, wie alle anderen zur Aktion gelangten Parteien, und der göttliche Geist hat sie in keiner irgendwie sichtbaren Weise bevorzugt inspiriert.

Nachdem die beiden CDU-Magnaten schon wieder in ihrem Auto sich auf Stuttgart zu bewegten, wurden in kleinerem Kreise die politischen Besprechungen noch fortgesetzt, vor allem sollte festgestellt werden, wer für die Wahlen aufgestellt werden könne. S. D. der Erbprinz, ein Oberst Souchon aus Morstein und Dr. „Lalü" beschlossen, zu einem Druckereibesitzer, Herrn Wankmüller, nach Gerabronn zu fahren, da dieser viele Menschen kenne und auch eine gute Menschenkenntnis besitze. Als ehemaliger Herausgeber des „Vaterlandsfreund" kam er selber nicht in Frage. – Angeregt und großenteils noch voller Hoffnungen ging man spät abends auseinander.

Dies war das letzte, mir bekannt gewordene „Ereignis" von einigem allgemeinem Interesse in dem sich seinem Ende zuneigenden Jahre 1945 – dem Jahre der Übergabe Langenburgs an die Amerikaner. Es war ein aufregendes Jahr gewesen, an den sonstigen friedlichen Verhältnissen dieses Landstädtchens gemessen – im Vergleich aber zu den Frontgebieten und den vielen schwer bombardierten Städten war es noch ein Jahr der Gnade, das uns geschenkt worden ist. – Der nach der Internierung von Herrn Ziegler kommissarisch bestellte und im kommenden Jahre gewählte, noch recht jugendliche Bürgermeister Gronbach hat sicher alles ihm irgend Mögliche dazu beigetragen, um die hiesigen Verhältnisse annehmbar zu gestalten; wenn man bedenkt, dass die Bevölkerung sich durch Evakuierte und Flüchtlinge fast verdoppelt hatte, kann man sich vorstellen, dass das wohnungs- und ernährungsmäßig, besonders aber auch im Hinblick auf den Unterhalt, recht schwierige Probleme aufwarf – denn Langenburg hat keine Industrie. Herr Gronbach ging sicher ohne große Erfahrung, aber dafür auch ohne Voreingenommenheit und mit viel Mut und stärkstem sozialem Interesse an die Aufgaben heran und hat sie, glaube ich sagen zu dürfen, gemeistert, soweit sie eben örtlicher Natur waren und nicht von höheren Instanzen abhingen, wie z. B. die Verwaltung von Geld und Währung und dgl. So haben wir Langenburger auch ihm und seinen Mitarbeitern herzlich zu danken für die in unserem Wohl investierte Überlegung und Tatkraft.

Die Ereignisse auf der „Weltbühne" gaben schon vom Herbst dieses Jahres die neugegründeten Zeitungen an.

Ein kurzes Nachwort wird noch die wenigen Geschehnisse zusammen zu fassen trachten, die erst in den nächsten Jahren aktuell werden sollten, aber in einem Zusammenhange stehen mit der hier geschilderten und im Wesentlichen mit dem Ablauf des Jahres 1945 abgeschlossenen Langenburger Historie.

10. Nachwort

Unsere Kirchenglocke, aus dem Jahre 1513, – die am 23.3.42 entfernt worden war zusammen mit der Taufglocke aus dem Jahre 1653, kehrten erst im Frühjahr 1948 (am 9.2. und am 9.6.) wieder heim. Die erste wurde am 4.3.48, die zweite am 24.7.48 wieder im Langenburger Kirchturm aufgehängt, wobei es viele Zuschauer gab. „Friede war ihr erst Geläute …"

Im Februar 1948 starb unser verehrter Herr Prof. Kittel in Bassenberg bei Aachen. Hier in Langenburg ehrte ihn S. D. der Herr Erbprinz durch eine Gedächtnisrede vor dem Oratorienchor – der dann zu Beginn des nachfolgenden Jahres aufgelöst wurde, nachdem einige Langenburger – Herr Lehrer Schaffert, Herr Dr. Schwarz, Herr Lehrer Weyrether unter Mitarbeit des Würzburger Organisten Herrn Stadtkantor Schern – sich als Dirigenten abgelöst hatten.

Im April 1946 kam das Gesetz Nr. 51 „gegen Nationalsozialismus und Militarismus" heraus, und bald darauf begann der Aufbau der Spruchkammern, deren eine – nämlich die für den Kreis Crailsheim bestimmte – auch einige Zeit hier im Schloss beherbergt wurde. Sie war sozusagen die örtliche Nachfolgerin des Statistischen Reichsamtes, Außenhandelsstelle, da ihr Domizil auch am Prinzessinnengang lag. Im Sommer 1947 wurde sie nach Crailsheim verlegt. Diese Spruchkammern wie auch ihre Urteile waren ein sehr umstrittener Gegenstand. Mehrere Langenburger mussten – wie die schon erwähnte Prinzessin Alexandra – auf Grund ihres Spruchkammer-Urteils Jahre in Internierungslagern verbringen, so Herr Leuze, der einstige Postvorsteher von Langenburg, Herr Lehrer Ilg, Herr Schuhmacher- und Bürgermeister Ziegler, Herr Kaufmann Münz und andere.

Die Lebenshaltung war hier in Langenburg – wie überall im Lande – bis zur sogenannten „Währungsreform" im Juni 1948 äußerst dürftig. Dann tauchten buchstäblich über Nacht wie durch Zauberei eine Fülle von Waren auf – nur dass es nun sehr häufig am Gelde fehlte. So ist es in einem gewissen Grade geblieben. Man bekam eher Sachwerte als Geld, und während früher das Geld sich fast „die Beine ausriss", um ein paar Sachwerte zu erobern, laufen diese jetzt schon wieder dem Gelde nach. – Trotz der vielen bürokratischen, währungstechnischen und steuerlichen Schwierigkeiten darf man in Langenburg wohl von einem langsamen, wenn auch nicht ohne Rückschläge vor sich gehenden, Aufstieg sprechen, der in mancherlei Geschäftsgründungen zum Ausdruck kommt. Als deren größte wäre wohl die Firma Anna Blum zu nennen, in deren Nähstuben ca. 20 junge Mädchen Beschäftigung und Ausbildung finden.

Es ist nur ganz dringend zu hoffen, dass all die vielen, meist sehr mühsam aufgebauten Existenzen sowohl bei uns wie überall im Lande nicht wieder durch Währungspfuschereien, durch planwirtschaftliche Schwerfälligkeiten, durch steuerliche Überlastung oder gar durch internationale Verwicklungen erneut zerstört werden. So schön das Hohenloher Land ist, so friedlich die bäuerliche Atmosphäre, so reizvoll unser Städtchen mit dem alten Stadttor, den Fachwerkhäusern, dem Jahrhunderte alten, wuchtigen Schloss, seinen Türmen und seinen Galerien: Alles das steht in Wahrheit auf einem Vulkan, der noch keineswegs erloschen ist. Jeder Einzelne sollte darum nicht nur in seinem engpersönlichen Schicksal aufgehen, sondern sich als Teil der Allgemeinheit, der Gemeinde, des Volkes, der Menschheit begreifen, mit deren Schicksal das seine unlösbar verwoben ist. Weder blinder Optimismus noch Resignation können die Gefahr bannen. Es gilt, auf das Grollen zu hören – auch in unserem abgelegenen Nest – und mutig den Problemen nachzugehen, die es heraufbeschworen haben. Sind wir auch nur Tropfen in einem Meer – was wäre das Meer ohne die vielen Tropfen? Eine Katastrophe haben wir überlebt – gewiss nicht, um der nächsten zum Opfer zu fallen, sondern um sie mit allen Mitteln zu verhindern.

NACHWORT DES HERAUSGEBERS

1998 habe ich anlässlich des 100. Geburtstags meiner Tante Johanna Führer einen Artikel über sie für das Hohenloher Tagblatt geschrieben und korrespondierte deshalb auch mit S. D. Kraft Fürst zu Hohenlohe-Langenburg. Er sandte mir Kopien der von meiner Tante per Schreibmaschine getippten, mir unbekannten Chronik über das Kriegsende in Langenburg.

Bei der Lektüre wurde mir bewusst, wie dankbar meine Tante für ihre Evakuierung nach Langenburg gewesen sein muss, kam sie doch aus dem Inferno ihrer Geburtsstadt Berlin, die rigoros bombardiert und weitgehend in Schutt und Asche gelegt wurde.

So unterschiedlich Krieg und Kriegsende in Deutschland und in den in den Krieg verwickelten Ländern erlebt worden sein mögen, gemeinsam ist ihnen sicher außer persönlicher Not – vom Hunger über Verletzungen bis hin zur Angst vor dem eigenen oder Angehöriger Tod – die ständige Ungewissheit über die nächsten Stunden und Tage, die harmlos oder entsetzlich verlaufen konnten.

Diese Stimmung in Langenburg hat meine Tante eingefangen. Es gibt nur noch wenige Zeitzeugen; umso wichtiger ist es, nachfolgenden Generationen zu vermitteln, welches Geschenk der Friede und welches Spiel mit dem Feuer gewaltsame Auseinandersetzungen sind. Ich freue mich, dieses historische Dokument im 65. Jahr nach Kriegsende der Allgemeinheit zugänglich machen zu können.

Wann genau meine Tante nach Langenburg kam, ist nicht absolut sicher. Mehrere Aussagen lassen vermuten, dass meine Tante Mitarbeiterin des Statistischen Reichsamts war, das 1944 aus Berlin in das ganze Deutsche Reich evakuiert wurde, auch nach Langenburg. Laut einer Liste der nach Langenburg Evakuierten ist sie jedoch erst 1. April 1945 zugezogen.

Besonders gewürdigt werden muss, dass die chronologischen Notizen von Herrn Dr. Rohrbach, die ich erst vor der Drucklegung zur Kenntnis bekam, mehr als „wertvolle Ergänzung" (Vorwort) waren – sie sind zu einem wesentlichen Teil wörtlich übernommen. Die Chronik dürfte Dr. Rohrbach wichtiger gewesen sein als seine Urheberschaft von Teilen.

I. D. Irma Fürstin zu Hohenlohe-Langenburg und – neben anderen freundlichen Helfern – ganz besonders Frau Ruopp, die zurzeit das Langenburger Stadtarchiv maßgeblich mit aufbaut, danke ich sehr für ihre wertvolle Unterstützung.

Anselm Rapp

In Vorbereitung:

DER TIEFBESIEGTE
Gedichte mit Gemälden von Johanna Führer

Leseproben

Ein großer Wind geht durch den Baum.
Die Zweige schwingen
im Sausen und Singen,
sind hingerissen
und kämpfen und ringen
mit ihrem Stamm,
der stark und still
die wildbewegten halten will –
halten und hegen.

Ganz langsam kommt die Traurigkeit des Herbstes
und wo sie geht, bricht sie gedankenlos
bald dort, bald hier ein welkes Blatt.
Und unter ihrem stillen, müden Schritt
neigen sich Gras und Blumen und der Menschen Seelen
und jedes Lächeln wird dann bang und matt.

Ihr Atem streift die Wälder und die Wiesen,
ein blauer Nebelhauch, der alles trifft –
und ihre Augen blicken in die Ferne.
Und manchmal perlen daraus Tränen nieder
und blinken in den zarten Spinnenweben
am grauen Tag wie kleine Silbersterne.